乡村振兴与人才培养研究

秘 密 马九申 ◎ 著

吉林出版集团股份有限公司

版权所有　侵权必究

图书在版编目（CIP）数据

乡村振兴与人才培养研究 / 秘密，马九申著. — 长春：吉林出版集团股份有限公司，2023.8
　　ISBN 978-7-5731-4019-7

Ⅰ. ①乡… Ⅱ. ①秘… ②马… Ⅲ. ①农村—社会主义建设—人才培养—研究—中国 Ⅳ. ①F320.3

中国国家版本馆CIP数据核字（2023）第150221号

乡村振兴与人才培养研究

XIANGCUN ZHENXING YU RENCAI PEIYANG YANJIU

著　　者	秘　密　马九申
出版策划	崔文辉
责任编辑	杨　蕊
封面设计	文　一
出　　版	吉林出版集团股份有限公司
	（长春市福祉大路5788号，邮政编码：130118）
发　　行	吉林出版集团译文图书经营有限公司
	（http://shop34896900.taobao.com）
电　　话	总编办：0431-81629909　营销部：0431-81629880/81629900
印　　刷	廊坊市广阳区九洲印刷厂
开　　本	787mm×1092mm　1/16
字　　数	241千字
印　　张	11.25
版　　次	2023年8月第1版
印　　次	2024年1月第1次印刷
书　　号	ISBN 978-7-5731-4019-7
定　　价	78.00元

如发现印装质量问题，影响阅读，请与印刷厂联系调换。电话：0316-2803040

前　言

乡村人才匮乏是普遍存在的问题。解决乡村振兴人才问题，必须解决好乡村振兴人才培养问题，因为通过培养已经扎根农村的年轻人，才能把农村现存的人力资源充分利用好、发挥好，使农村现有人力资源的效益发挥得更好，甚至达到最大化。

本书从乡村振兴与人才培养入手，首先详细地介绍了农业应用型人才培养的理论、农业人才培养机制以及农业人才培养实践创新，接着对地方高校服务乡村振兴做出了分析，最后重点对乡村全面振兴的具体路径以及乡村振兴人才培养措施进行了探究。

本书编写过程中参考借鉴了一些专家学者的研究成果和资料，在此特向他们表示感谢。由于编写时间仓促，且水平有限，不足之处在所难免，恳请专家和广大读者提出宝贵意见，予以批评指正，以便改进。

目 录

第一章 乡村振兴与人才支撑 ………………………………………… 1
第一节 乡村人才振兴政策浅谈 …………………………………… 1
第二节 农村专业人才队伍建设 …………………………………… 3
第三节 科技人才支撑作用 ………………………………………… 6
第四节 社会各界投身乡村建设 …………………………………… 9

第二章 农业应用型人才培养的理论研究 …………………………… 13
第一节 基本概念和类型 …………………………………………… 13
第二节 基本理论 …………………………………………………… 17
第三节 农业应用型人才培养的历史和现状 ……………………… 19
第四节 国内农业应用型人才培养存在的问题 …………………… 26
第五节 农业应用型人才培养的原则 ……………………………… 27
第六节 高等农业教育助力农村振兴的服务体系建设 …………… 29

第三章 农业人才培养机制 …………………………………………… 34
第一节 分类培养机制 ……………………………………………… 34
第二节 连续培养机制 ……………………………………………… 40
第三节 协同培养机制 ……………………………………………… 47

第四章 农业人才培养实践创新 ……………………………………… 58
第一节 农业人才培养的顶层设计 ………………………………… 58
第二节 拔尖创新型农业人才培养 ………………………………… 67

第三节　复合应用型农业人才培养 ·· 77
　　第四节　实用技能型农业人才培养 ·· 84
第五章　地方高校服务乡村振兴 ·· 87
　　第一节　农业高校服务乡村振兴理论分析 ···································· 87
　　第二节　地方高校服务乡村振兴模式分析 ···································· 92
　　第三节　地方高校服务乡村振兴政策分析 ·································· 102
第六章　乡村全面振兴的实现路径 ··· 107
　　第一节　全面推进产业兴旺助力产业振兴 ·································· 107
　　第二节　以人为本实现人才振兴 ·· 113
　　第三节　加强乡风文明建设促进文化振兴 ·································· 119
　　第四节　打造生态宜居环境实现生态振兴 ·································· 125
　　第五节　完善乡村治理体系有效促进组织振兴 ··························· 135
第七章　乡村振兴人才培养探究 ·· 146
　　第一节　乡村振兴需要的人才类型 ··· 146
　　第二节　农业生产经营人才 ·· 151
　　第三节　农村第二、三产业发展人才 ·· 154
　　第四节　乡村公共服务人才 ·· 156
　　第五节　乡村治理人才 ·· 160
　　第六节　农业农村科技人才 ·· 167
参考文献 ·· 172

第一章　乡村振兴与人才支撑

根据我国的指导方针，解决乡村的人才支撑问题是振兴乡村的关键所在。实现人才支撑最主要的是发展并壮大从事农业的人员队伍，这是关系农业长远发展，特别是现代农业建设的根本大计和战略举措。为实现人才支撑，可采取加强新型职业农民培训、加强农村专业人才队伍建设、发挥科技人才支撑作用，以及鼓励社会各界投身乡村建设等措施。虽然各方都在努力解决人才支撑问题以实现乡村振兴，但是在各项措施的推行过程中依然面临着一些大大小小的问题。

乡村振兴，根本在政策支持，出路在制度创新，要害在人才支撑。人才是行业发展的基础，尤其是在农业现代化程度不断提高的背景下，农业的发展亟须一批懂农业、爱农村、爱农民的"三农"人才，使之推动农业现代化的发展进程。只有会聚各类农业人才，才能够为乡村振兴注入更多动力，进而实现乡村振兴。其中，大力培育新型职业农民、加强农村专业人才队伍建设、发挥科技人才支撑作用、鼓励社会各界投身乡村建设等是实现乡村振兴的重要抓手。

第一节　乡村人才振兴政策浅谈

一、制订人才培养计划，以城市乡村化人才促振兴

《关于加快推进乡村人才振兴的意见》从第一、二、三产业，政治，经济，文化等方面出发，提出了加快培养农业生产经营人才，农村第二、三产业发

展人才，乡村公共服务人才，乡村治理人才，农业农村科技人才等各类人才的鼓励机制和实施计划，力图将城市体系中的人才类型搬到乡村中，从各方面全方位促进乡村发展，补齐乡村发展短板。

该意见提出的人才培养方式主要包括实施本土人才培训、本土人才借调、外来人才引进、青少年教育帮扶等方式，同时进行多方面思考，通过亲属回避等措施保障人才队伍的廉洁性。如村党组织带头人队伍通过实行备案管理制度和村"两委"成员资格联审机制，实行村"两委"成员近亲属回避，净化、优化村干部队伍，保证人才真正促振兴。

二、构建人才振兴支持体系，发挥各类主体的广泛作用

该意见中提及，要"充分发挥各类主体在乡村人才培养中的作用"，从完善高等教育人才培养体系、加快发展面向农村的职业教育、依托各级党校（行政学院）培养基层党组织干部队伍、充分发挥农业广播电视学校等培训机构作用、鼓励支持企业参与乡村人才培养这五个大类主体出发支持人才培养计划的实施。同时需要做好顶层设计，建立健全各类人才培养体制机制、鼓励人才向艰苦地区和基层一线流动激励制度和技能评价制度，推动人才振兴措施在体系中有效运行、在框架中有序推进。

三、巩固完善保障体系，激发人才振兴活力

要巩固保障体系，需自上而下从政策、环境、实施等方面构建良好的体系保底机制。从上层管理方面而言，需加强各级组织领导，强化政策保障和激励机制，发挥引导和统筹作用；在环境背景下，要改善农村发展条件，提高农村生活便利化水平，吸引城乡人才留在农村，建立一套完整的福利和表彰机制，营造良好的发展环境；在实施层面，需要制订乡村人才专项规划，搭建乡村引才聚才平台，提供人才发展空间，推动"三农"工作人才队伍建设制度化、规范化、常态化，保障各主体和人才的权益，以激发人才振兴的活力和积极性。

第二节　农村专业人才队伍建设

《中共中央国务院关于实施乡村振兴战略的意见》指出，要"扶持培养一批农业职业经理人、经纪人、乡村工匠、文化能人、非遗传承人等"，以加强农村专业人才队伍建设。此外，该文件针对农村专业进行了宏观工作的部署，如"建立县域专业人才统筹使用制度，提高农村专业人才服务保障能力。推动人才管理职能部门简政放权，保障和落实基层用人主体自主权。推行乡村教师县管校聘。实施好边远贫困地区、边疆民族地区和革命老区人才支持计划，继续实施'三支一扶'、特岗教师计划等，组织实施高校毕业生基层成长计划。支持地方高等学校、职业院校综合利用教育培训资源，灵活设置专业（方向），创新人才培养模式，为乡村振兴培养专业化人才"。农村专业人才是一类以农业为职业的、具有一定的专业技能的现代农业从业者。其中，农村专业人才中职业经理人、经纪人、乡村工匠等属于新型职业农民中社会服务类型的职业农民，即在社会化服务组织中或个体直接从事农业产前、产中、产后服务；而非物质文化遗产传承人、文化能人属于生产经营类型的职业农民，即以农业为职业、占有一定的资源、具有一定的专业技能。整体而言，专业人才队伍建设可以与新型职业农民培育相结合，从教育培训、队伍管理角度入手。

一、建立教育培训制度

务农农民是中国农业生产经营主体的重要组成部分，同时也是实现小农户与农业现代化有机衔接的重要落脚点。务农农民的科学文化素质、技能水平和经营能力直接决定着农业生产力水平。为其提供职业教育培训，能够有效、快速地提升其生产效益和生产力，如中等职业教育和农业系统培训。此外，教育培训能够将专业技术、技能和经营管理知识传授给农民，提升岗位适应性和工作能力，使其有效运用新的技术成果和手段，不断提高农业生产经营效率。其中，可以将具有一定文化基础和生产经营规模的农民，培养成为具有新型职业农民能力素质的现代农业生产经营者，进而快速扩大专业人才队伍。

具体而言，教育培训可根据人群的不同进行分类培训。第一，为正在务农的农民提供免费的教育培训。建立中等职业教育免学费制度，并对误工、误餐等进行补助，通过实行农学结合弹性学制，采取"送教下乡"等教育模式，鼓励和吸引务农农民参加农科学历教育，培养具有农科中高等职业教育水平的新型职业农民。此外，对没有参加农科职业教育的务农骨干农民进行免费、分产业、全生产经营周期的农业系统培训，培养具有与现代农业发展需要相适应的科技文化素质、技能水平和经营能力的新型职业农民。第二，为返乡农民工和农村退伍军人进行免费培训。对从事农业生产经营或在农业领域创业的返乡农民工和农村退伍军人进行全程免费培训，帮助他们提高职业技能和经营能力。第三，为已具备一定专业技能的人才提供再教育培训。此类教育培训的目的在于更新其技术、管理方式，优化其知识体系，提高其市场竞争力。其中，需建立与干部继续教育、工人岗位培训类似的经常性教育培训制度，明确教育培训内容、时间、方式、机构和经费保障，使农民及时了解和掌握农业产业政策的调整、农业科技的进步和农产品市场的变化，提高农业生产经营效益。

二、专业人才队伍管理和发展

农业专业人才队伍的建立需要进行严格把关，加强整体队伍的技能水平，提高其生产力。其中，认定管理是培育的重要环节，公平公正、科学合理地对专业人才进行评价，充分发挥专业人才在实施乡村振兴战略中的示范带动作用和支撑作用。

（一）专业人才队伍的管理

专业人才认定主要包含三个方面的内容：第一，专业人才要具备一定的专业技能，如获得相应专业技能证书。第二，专业人才还应具备职业道德，如商品农产品质量过关、无欺骗行为及积极发展农业生产服务。其中，可以将是否按照正规程序注册农产品商标、申请无公害农产品认证、绿色食品认证、有机食品认证或其他符合国家标准的农产品认证作为考核标准。第三，专业人才管理还应综合考虑个人的整体水平，如受教育程度、生产经营规模、经营收入等。此外，在认定过程中还应对专业人才进行认定后的动态管理，如对专业人才队伍中发生严重农产品质量安全事故、破坏农业生态资源发生严重面源污染、侵害农业雇工权益及伤害农户利益的人员进行管理，确保专业人才队伍带动农民发展的作用以及支撑产业发展的作用。

（二）专业人才队伍的发展

支持地方高等学校、职业院校综合利用教育培训资源，灵活设置专业（方向），创新人才培养模式，为乡村振兴培养专业化人才。农村职业教育的基础以义务教育为主体，同时包括普通高中教育和其他学历教育。在培养专业化人才过程中，应大力促进职业教育和普通教育、中等和高等职业教育的协调发展，健全农村专业人才培养平台。此外，推动职业教育和普通教育办学资源的共享和有机衔接。在保证教育质量的条件下，允许中等和高等职业教育学校灵活设置专业及方向，扩大招生群体，并对教学计划大纲、课程安排按照农业实际情况进行总体设计、调整及统筹。如建立健全继续教育制度，支持和鼓励返乡农民工接受职业教育。

实施边远贫困地区、边疆民族地区和革命老区人才支持计划，继续实施"三支一扶"、特岗教师计划等，组织实施高校毕业生基层成长计划。加强对农村经济困难家庭学生接受职业教育培训情况的资助、跟踪管理与服务。通过职业教育系统"培训一人，输出一人，帮扶一家，带动一片"。此外，以对农村经济困难家庭提供特殊扶持为重点，建立促进农村学生优先、全面参加职业教育的制度。提高职业教育的社会吸引力，从国家政策上鼓励农村学生优先参加职业学习。同时，以县为单元建设县域职业教育培训网络，把农村文化技术学校与中小学、职业教育学校有机结合。紧密结合农业生产实际，围绕产业发展，积极探索和创新人才培养模式，分产业、分品种地培养专门人才。最后，积极利用广播、电视、网络等形式，组合资源要素，开展送职教下乡、进村、进社区活动。为边疆民族地区、革命老区培养专业人才，带动当地农业发展。

三、小结

农村专业人才长期工作在农村，熟悉农业政策，服务农民生活。加强这部分群体队伍的建设，能够为新时代农业发展提供人才支撑，并促进乡村振兴。同时，加强农村专业人才队伍建设，能够促进农村整体农业生产水平，促进农户了解并合理使用科学技术生产管理田间作物。此外，加强农村专业人才队伍建设，不仅需要对当前务农农民、返乡农民工、农村退伍军人等进行教育培训，还需要定期对具备一定专业技术的务农农民进行知识体系更新，提高整体务农人群的专业技术水平。

第三节 科技人才支撑作用

农业现代化是中国现代化的重要组成部分，随着中国农业现代化进程的不断加快，农业生产过程日益专业化、协作化，这对高新技术产生了较高的需求。此外，在农业分工越来越细致、科学及专业的背景下，发展现代农业也需要农业科技人才的支撑。而提高农业现代化水平的关键在于提高农业的生产力，这就更需要发挥农业科技人才在农业生产中的支持作用。其中，农业科技人才是指受过专门教育和职业培训，掌握农业行业的某一专业知识和技能，专门从事农业科研、教育、推广服务等专业性工作的人员，包括农业科研人才、农业技术推广人才、农村实用人才等。我国农业科技人才的培养，包括农科研究生教育、本科生教育及中高等农业职业教育。

一、农业科技人才现状

（一）农村实用人才

农村实用人才是指在农村有一定的农业专业知识和专门技能，能够在农村经济社会发展中起到示范带头作用，为当地农村经济发展做出积极贡献，并得到群众认可的人。农村实用人才既包括乡村土生土长的实用人才，又包括城镇服务于农村的实用人才，从更广意义上讲还应包括凡能够直接服务于农村经济社会发展的人才都是农村实用人才。

我国针对农村实用人才实施了多项政策，如农村实用人才带头人培养、农村实用人才创业培训等活动。其中，原农业部先后制定了《农村实用人才带头人示范培训考核管理办法》《农村实用人才带头人和大学生村官示范培训班班主任工作规范》等规章制度，不断提升培训工作的制度化、规范化、科学化水平。培训班以提升理念、开阔思路和增强能力为核心，将培训课程分为经验传授、专题讲座、现场观摩、研讨交流四个教学板块，把新农村建设的生动实践现场作为培训课堂，邀请优秀的基层党组织负责人登上讲台现身说法，逐步探索形成了"村庄是教室、村干部是教师、现场是教材"的培养模式。此外，农业农村部于2008年便在全国11个省启动1万名农村实用创业人才培训试点工作。农村实用创业人才培训按照"政府推动、部门监管、学校培训、地方扶持、农民创业"的思路，坚持公平公正、突出实效的原则，根据农民意愿培训，着重在五大产业（种植业、畜牧业、水产业、农产品加工业、农村服务业）开展培训，对学员进行3年跟踪服务。通过培训和政策扶持，使学员树立创业理念、增强创业意识、掌握创业技巧、提高创业能力，促进学员提高经营水平、扩大经营规模、领办经济合作组织、创办农业企业，着力培养造就一批现代农民企业家，为现代农业发展和社会主义新农村建设提供有力的人才保证和智力支持。

二、发挥科技人才支撑作用

现代农业是"接二连三"、功能多样的农业产业。现代农业的发展，需要拓宽农业技术的范畴并建立现代农业技术体系；需要在提高土地产出率和劳动生产率的同时，提高要素的利用率以及质量安全。因而，重视科学技术、发挥科技人才在农业产业中的支撑作用至关重要。其中，发挥科学技术在乡村振兴中的支撑作用，不仅取决于科学技术本身的应用效率及其对农业农村的适用性，还取决于科技应用主体对技术进步的适应能力，以及与技术进步、推广应用相关的体制机制的变革。发挥科技人才支撑作用可以从以下几方面入手：

全面建立高等院校、科研院所等事业单位专业技术人员到乡村和企业挂职、兼职和离岗创新创业制度，保障其在职称评定、工资福利、社会保障等方面的权益。探索公益性和经营性农技推广融合发展机制，允许农技人员通过提供增值服务合理取酬。推进科技体制改革，放活科技人员和科技成果，健全种业等领域科研人员以知识产权明晰为基础、以知识价值为导向的分配政策。深化基层农技推广体系改革，推进公益性农技推广机构与经营性服务组织融合发展，探索提供技术增值服务合理取酬机制。全面实施农技推广服务特聘计划，强化农科教协同推广。提高农业科技人员收入，使其有时间与精力投入科研，提高农业科研成果转化和转让中科研人员的收入分配比例，积极探索科技成果以专利入股等形式参与收益分配。增强农业科研单位和人员与基层农技推广机构、企业、农民之间的合作社关系，引导和鼓励科研机构和科技人员更多地向农业生产经营单位和农民服务，更多地开发适用、实用的农业技术，充分利用现代化的信息技术和信息网络转化农业科技成果，提高农业科研成果转化率。

培育农业科技成果转化和交易市场，建立健全农业科技成果转化和交易的法律法规体系，规范农业科技成果转化和交易行为，探索新型成果转化和交易模式，为农业科技成果转化及市场交易提供便利条件和措施保障，推进农业科技产业化。此外，依托战略性关键核心技术研究和共性科技研究项目，形成学科之间联合与协作的创新体系和科研平台。以开展战略研究、制订发展规划为导向实施创新基地建设，集中组织实施重大创新项目，创建精干高效的跨学科优秀人才队伍。

深入实施农业科研杰出人才计划和杰出青年农业科学家项目，全面实施农技推广服务特聘计划。早在2015年，国家就已实施农技推广"特岗计划"，在13个省招聘特岗农技员1万余名，为基层农技推广队伍补充了新生力量。此外，各地还举办了人才激励活动。如江苏设立的"种业人才奖励基金"，内蒙古设立的"青年创新基金"，吉林与山东开展的"万名兴农带富之星"。2015年，"农业科教兴村杰出带头人"和"全国杰出农村使用人才"资助项目54人，资助金额为每人5万元。此外，《中等职业学校新型职业农民培养方案》为农民接受中等职业教育提供了方便和保障。

三、小结

现代化的农业物质装备、科学技术，是现代农业的主要标志。同时，科技成为提高农业生产力的重要手段。在农业分工越来越细致、科学及专业的背景下，需要发挥科技人才在乡村振兴战略中的支撑作用，带动农业农村的发展。通过发挥科技人才作用，实现中国农业在关键技术领域、核心技术领域取得突破，使中国农业科技达到世界先进水平。同时，促进农业科技成果的转化，满足当前现代农业的发展需求，提高农业生产力，进而推动农业现代化的发展，促进乡村振兴。

第四节　社会各界投身乡村建设

随着农业现代化水平的不断提高，乡村振兴战略的实施，需要一批懂技术、掌握科学管理方式、具备创新能力的人。在当下，创新型人才、经营人才、管理人才、技术能手等不仅需要从农村本地培训，也需要城市向农村输送或者回流。在培养乡土人才的同时，鼓励社会各界投身乡村建设，发展农村。我国号召鼓励社会各界投身乡村建设需从以下几方面入手：建立有效激励机制，以乡情乡愁为纽带，吸引支持企业家、党政干部、专家学者、医生、教师、规划师、建筑师、律师、技能人才等，通过下乡担任志愿者、投资兴业、包村包项目、行医办学、捐资捐物、法律服务等方式服务乡村振兴事业。吸引更多人才投身现代农业，培养造就新农民。发挥工会、共青团、妇联、科协、残联等群团组织的优势和力量，发挥各民主党派、工商联、无党派人士等的积极作用，支持农村产业发展、生态环境保护、乡风文明建设、农村弱势群体关爱等。

一、完善激励体制机制

如前所述，要建立有效激励机制，以乡情乡愁为纽带，吸引支持各界人士，通过各种方式服务乡村振兴事业，引导更多的企业家成为职业农民。以规模化、高科技支撑的农业经济吸引城市中的企业家，引导其将资金用于广阔的农村市场。城市企业家进入农村，不仅可以为农村发展快速注入新的活力，而且可以迅速突破传统农业的种植养殖限制，发展农村的规模化经营，扩大农产品加工、包装、物流等第二、三产业的服务。同时，企业对土地的规模经营也必然会促进原有土地上的农民转化为农业产业工人，在农业生产环节获取更多的现金收益和更多的发展机会。此外，加快制定鼓励引导工商资本参与乡村振兴的指导意见，落实和完善融资贷款、配套设施建设补助、税费减免、用地等扶持政策，明确政策边界，保护好农民利益。通过引导工商资本下乡共同参与乡村振兴，激发企业投资农业农村的热情和活力，可以带动人力、财力、物力以及先进技术、理念、管理等进入农村，进而推动产业发展、农民增收。

二、发挥群体组织在乡村建设中的作用

发挥工会、共青团、妇联、科协、残联等群团组织的优势和力量，发挥各民主党派、工商联、无党派人士等的积极作用，支持农村产业发展、生态环境保护、乡风文明建设、农村弱势群体关爱等。如中国农村专业技术协会是在中国科协的直接领导下，由基层农村专业技术协会、农村专业合作组织及全国从事农业农村专业技术研究、科学普及、技术推广的科技工作者、科技致富带头人等自愿组成，依法登记成立的非营利性科普社团。中国农村专业技术协会是在中国农村经济体制改革中，由农民自发组织、自发创办、自愿参与、自我管理、自主发展的群众性经济合作组织。它的出现，有利于提高农民的组织化程度，推动农业产业化发展，促进农业科技推广应用，已成为推动农村改革发展的重要力量。中国农村专业技术协会自成立以来，在全国依托科协组织陆续建立起省、地、县三级农村专业技术协会组织，其自身也建立了相应的职能部门，并按照专业类别建立起相应的委员会和技术交流中心，于2014年与农业农村部联合发文确立了农村专业技术协会社会化服务体系的地位。全国有各类农村专业技术协会110476个，个人会员1487万人，覆盖粮食作物、果蔬、水产等上百个专业。中国农村专业技术协会自成立以来，基本形成了上下一体、左右相连，完整的具有协会特色的新型社会化服

务体系。其在农业农村发展中具有重要作用，不仅促进了农业科技创新和实用技术推广，还提高了农民组织化程度和农业社会化服务水平，推动了传统农业向现代农业的转变。

三、发挥青年及妇女在乡村建设中的作用

吸引青年人投身现代农业，培养造就新农民。青年是最富活力的创业力量，组织实施现代青年农场主培养计划是贯彻落实我国决策部署、拓宽新型职业农民培育渠道的重要举措，是激发农村青年创造创新活力、吸引农村青年在农村创业兴业的重要手段，将为现代农业发展提供强有力的人才支撑。原农业部同教育部、团中央组织实施现代青年农场主培养计划，采取培育一批、吸引一批、储备一批的方法，经过培训指导、创业孵化、认定管理、政策扶持和跟踪服务等系统的培育，在全国形成一支创业能力强、技能水平高、带动作用大的青年农场主队伍，为现代农业发展注入新鲜血液。其中，对回乡从事农业生产经营和在农业领域进行创业的农业院校，特别是中、高等农业职业院校毕业生，在就业补贴、土地流转、税费减免、金融信贷、社会保障等方面给予扶持，鼓励、引导、吸引农业院校学生到农业领域就业创业。建立农业院校定向招生支持制度，对定向招录农村有志青年特别是种养大户、家庭农场主、合作社领办人等子女的"农二代"的，在生均拨款、实训基地建设等方面给予倾斜，鼓励和支持农业院校设立涉农专业，为培养新生代职业农民创造条件。

实施乡村振兴"巾帼行动"。2018年2月，全国妇联发布《关于开展"乡村振兴巾帼行动"的实施意见》。该意见指出，妇女是推动农业农村现代化的重要力量，是乡村振兴的享有者、受益者，更是推动者、建设者。其提出了五项实施巾帼行动的具体方法，如加强思想引领，动员农村妇女积极投身乡村振兴战略；实施"农村妇女素质提升计划"，提高农村妇女参与乡村振兴的素质和能力；开展"美丽家园"建设活动，引领农村妇女共建共享生态宜居新农家；拓展寻找"最美家庭"活动内涵，以文明家风促进乡风文明；持续深化"巾帼脱贫行动"，增强贫困妇女群众获得感。具体而言，"农村妇女素质提升计划"要求"加大网络教育培训工作力度，增强农村妇女网络学

习意识，开发多种形式网络教育培训课程，不断扩大妇女受训范围。面向农村妇女骨干、基层妇联干部和返乡下乡创业女大学生、女农民工等群体，开展现代农业实用技术、电子商务、乡村旅游、手工制作等示范培训，帮助农村妇女提高适应生产力发展和市场竞争的能力，在更广领域、更深层次参与农业农村现代化建设"。在开展"美丽家园"建设活动方面，该意见指出"妇女从家庭做起、从改变生活和卫生习惯入手，清理整治房前屋后环境，清除私搭乱建、乱堆乱放，全面净化绿化美化庭院"。北京门头沟区清水镇组织当地家庭妇女成立了阿芳嫂黄芩种植专业合作社，生产黄芩茶。随着合作社的发展，野山茶的生产工艺形成了自动化流水线作业，解决了清水镇及周边乡镇妇女的就业问题，带动了当地农业农村的发展。

　　社会参与是乡村振兴的重要力量和关键。社会参与的主要力量包括企事业单位、社会团体、民间组织与志愿者，通过自主参与、合作参与、协同参与等方式对乡村建设提供服务、援助及投资等。此外，乡村建设是一项系统工程，在政府作为主导、多元参与以及协同市场与社会力量的背景下，需要充分调动各界积极性，为乡村建设提供持续的动力。其中，建立人才对接平台，鼓励支持返乡创业人员、新乡贤、志愿者及具有乡村情怀的能人贤达投身乡村建设。积极引导高校及研究机构利用其科研优势为乡村建设提供技术支撑。建立和完善社会参与乡村振兴战略的体制机制，营造氛围，以乡情乡愁为纽带，吸引支持企业、高校、事业单位等多方面的人才投身乡村建设，进而提高农业农村组织化程度和社会化服务水平。同时，为青年、妇女提供平台，提供技术与资金支持，提高其适应生产力发展和市场竞争的能力，共同发展乡村，推动传统农业向现代农业转变。

第二章 农业应用型人才培养的理论研究

第一节 基本概念和类型

一、农业、现代农业、特色农业

农业是通过培育动植物生产食品及工业原料的产业。农业属于第一产业，研究农业的科学是农学。农业是人类社会赖以生存的基本生产和生活资料的来源，是社会分工和国民经济发展的基础。国民经济其他部门发展的程度，受到农业生产力发展水平和农业劳动生产率高低的制约。马克思说过："农业劳动是其他一切劳动得以存在和发展的自然基础和前提。"这是一条基本的经济法则。由于各国的国情不同，农业包括的范围也不同。狭义的农业仅指种植业或农作物栽培业；广义的农业包括种植业、养殖业、林业、渔业，农特产品储藏、加工、运输、销售及售后服务等多种产业。农业生产具有再生性、可循环、有规律和易受自然条件制约等特点，也具有明显的季节性和地域性、生产周期长、资金周转慢、产品鲜活不便运输和储藏、单位产品的价值较低等特点。

根据生产力的性质和状况，农业可分为传统农业和现代农业，传统农业包括原始农业、古代农业和近代农业。

传统农业以规模小、商品率低、科技含量少的小生产为特征，传统农业主要依赖资源的投入。

现代农业是有别于传统农业的一种农业形态，是利用现代科学技术、现代工业手段和科学管理方法进行科学化、规模化、产业化、社会化生产的产业。它不仅包括传统农业的种植业、林业、养殖业和水产业等，还包括产前的农业机械、农药、化肥、水利，产后的加工、储藏、运输、营销以及进出口贸易等，成为一个与发展农业相关、为发展农业服务的产业链。现代农业主要由资源依赖型不断转化为技术依赖型，信息技术、生物技术、新型耕作技术、节水灌溉技术及现代装备技术等农业高新技术的应用，不仅提高了农业资源的利用率和农业的可持续发展能力，也极大地提高了土地产出率、劳动生产率和农产品商品率。

《中共中央国务院关于实施乡村振兴战略的意见》为乡村振兴勾勒出了宏伟蓝图，制定了时间表和路线图，以振兴产业为重点，以农业供给侧结构性改革为主线，坚持质量兴农、绿色兴农，通过构建现代农业产业体系、生产体系、经营体系，进一步提高农业创新力、竞争力和全要素生产率，实现由农业大国向农业强国转变。

现代农业产业体系、生产体系、经营体系建设是发展现代农业、实现农业农村现代化的"三大支柱"，是促进农村第一、二、三产业融合发展的重要载体，是衡量现代农业产业布局和产品竞争力的主要标志。现代农业产业体系包括种养加等主导产业及其与产前、产中、产后相关的产业，依据区域优势不同产业结构布局各有侧重。重点考虑农业资源的市场配置、农产品的有效供给、小农户和现代农业发展的有机衔接等问题。构建现代农业产业体系，要以市场需求为导向，坚持粮经饲统筹、种养加一体、农牧渔结合的发展思路，发挥区域资源的比较优势，调整优化产业结构，提高农业资源的配置效率，促进第一、二、三产业融合发展，推动农业产业链横向拓展和纵向延伸。现代农业生产体系是先进科学技术与生产过程的有机结合，是衡量农业生产各环节机械化、信息化、良种化、标准化实现程度和农业生产力发展水平的主要标志，重点解决的是技术和效率问题。构建现代农业生产体系，转变农业要素投入方式，用信息技术、生物技术和现代装备制造技术改造传统农业生产方式，提高农业信息化、良种化、机械化、标准化程度，提高农产品质量，增强农业竞争力。现代农业经营体系包括家庭经营、集体经营、合作经营、企业经营等多种经营形式，是衡量现代农业组织化程度、社会化程度、职业化程度和市场化程度的主要标志，重点解决的是生产力和生产关系有效搭配、市场竞争力强弱的问题。构建现代农业经营体系，就是要发展多种形式适度规模经营，深化农村土地制度改革，促进农民职业化发展，提高农业经营集约化、组织化、规模化、社会化水平。现代农业三大体系相辅相成，对农业产业体系起着支撑和保障作用。

特色农业是现代农业的一种表现形式，是将一定区域内特有的农业资源开发成名优特产品的现代农业。其以市场需求为导向，以追求较大经济效益、较优生态效益、较佳社会效益和较强市场竞争力为目的，高效配置各种生产要素，突出地域特色，产业规模适度、效益良好，产品具有较强的市场竞争力，一般包括特色种、养、加等产业及特色服务业。特色农业具有六个基本要素：市场需求、特色资源、特色产业、生产技术、产品质量和生态环境。《中共中央国务院关于实施乡村振兴战略的意见》从推进农业绿色化、优质化、特色化、品牌化，到调整优化农业生产力布局，推动农业由增产导向转向提质导向，对发展特色农业做出明确要求。从推进特色农产品优势区创建，推行标准化生产，到培育农产品品牌，保护地理标志农产品都进行了精心规划，是发展特色农业的指导性文件。

二、人才、人才类型

人才：指具有一定的专业知识或专门技能，能够进行创造性劳动，并对社会做出一定贡献的人。人才是人力资源中能力和素质较高的劳动者，是经济社会发展的第一资源。

人才类型：国际上通常将人才分为学术型人才、工程型人才、技术型人才、技能型人才四种类型。

学术型人才主要是研究和发现客观规律，工程型人才主要将客观规律转化为相关的设计、规划和决策，技术型人才和技能型人才则将设计、规划和决策变成物质形态。技术型人才与技能型人才的区别主要在于前者以应用理论产生的技术为主，而后者则依赖经验产生的技术。四种人才的社会职能和社会功能不同，人才规格也不同。学术型人才要求基础理论深厚，学术修养和研究能力较强，工程型人才要求理论基础较好，解决实际工程问题的能力较强；技术型人才要求有一定的基础理论，但更强调理论在实践中的应用；

技能型人才要求掌握必要的专业知识，但必须掌握熟练的操作技能。社会对四类人才的需要通常呈金字塔形分布，学术型人才需求量最少，工程型人才次之，技术型人才与技能型人才最多。

三、人才培养类型

人才培养类型是指培养人才的教育类型。教育的根本任务和主要功能是为经济、社会发展培养人才。由于社会分工不同，对人才规格的要求也不同。因此，人才培养类型也不同，除全日制学历教育外，还包括成人教育、函授教育和自学成才等。高层次人才培养一般通过高等教育来实现。《教育大辞典》将高等教育定义为，中等教育以上的各级各类教育的总称，其含义随历史发展而发展。联合国教科文组织认为，高等教育是由大学、文理学院、理工学院、师范学院等机构实施的所有各种类型（学术性、专业性、技术性、艺术性、师范性等）的教育。1997年颁布的《国际教育标准分类法》将教育分为七个等级，以教育是以学术目的为主，还是以职业目的为主分A、B、C三类。

改革开放以来，我国高等教育事业得到长足发展，初步形成了适应国民经济建设和社会发展需要的多层次、多形式、学科门类齐全的中国特色高等教育体系，为社会主义现代化建设培养了各级各类专门人才，在国家经济建设、社会发展和科技进步中发挥了重要作用。2014年，教育部组织部分专家针对当时我国高等教育存在的人才培养与经济建设存在供需结构性矛盾问题开展调研，提出部分地方本科院校向应用型转变的建议。2015年教育部、财政部和人力资源社会保障部针对调研结果联合下发了《关于引导地方本科院校向应用型转型的指导意见》，从此一大批本科高校开展了积极探索与实践，取得了一定的成效，有力地推动了高等教育整体改革，促进了地方高校办学与地方经济的紧密结合，提高了地方本科院校服务经济社会发展的能力。

高等农业教育是整个教育系统的一个组成部分，是以培养农业人才为主的一种教育形式，有广义和狭义之分。广义的泛指所有传播农业科技知识、培养农业科技人才的教育活动；而狭义的则是指高等农业院校开展的各种层次各种形式的学历教育，包括函授教育、自学考试教育及远程教育。在我国还有少数农民高等教育，其宗旨是为农村培养农、工、商等方面具有大专以上学历水平的技术骨干和管理干部，招收具有高中毕业文化程度的农村基层干部、农业技术员和有一定生产经验的青年农民以及农业系统在职职工。

第二节　基本理论

一、人力资本理论

20世纪60年代，美国经济学家舒尔茨和贝克尔创立了人力资本理论，开辟了关于人的生产能力分析的新思路。主要内容包括：

①人力资源是一切资源中最主要的资源。

②人力资本对经济增长的作用大于物质资本。

③人力资本的核心是提高人口素质，教育是提高人力资本最重要的主要手段。

④教育投资应以市场供求关系为依据，对人力资源的合理开发利用，可以有效地促进经济发展和社会进步。高等教育可以提高劳动力素质，增强劳动力技能。因此，国家对高等农业教育的投入，将提升农村经济和社会发展需要的农业科技人才素质。

二、高等教育经济学理论

20世纪60年代初，教育经济学形成一门独立的学科，其主要观点包括：国家经济的发展是高等教育发展的前提和基础，它为高等教育的发展提供必要物质条件，又促进高等教育的发展。农业经济的发展和高等农业教育的关系也是如此，高等农业教育通过人才培养科学研究和成果推广转化对农村经济发展起着巨大的促进作用，美国、日本等国家农业发达的重要原因是重视农业教育的结果。

三、素质教育理论

20世纪80年代,我国先后提出了培养劳动者素质、提高国民素质等要求。1993年《中国教育改革和发展纲要》阐述了教育对提高全民素质的重要意义。1994年《中共中央关于进一步加强和改进学校德育工作的若干意见》中提出要加强素质教育。《教育部关于加快建设高水平本科教育,全面提高人才培养能力的意见》中明确提出发展素质教育。可见,素质教育是在深化教育体制改革基础上提出的一种教育思想。从教育学角度讲,素质是指在遗传的基础上,通过教育和自身努力,逐步形成的相对稳定的心理和品质,是个体先天固有品质与后天教育的融合,是各类本质因素的整体表现。对高等教育来讲,人的素质包括思想道德素质、文化素质、专业素质、身心素质四方面。素质教育重点要把握三点:

①人的素质具有发展性特点,通过实践训练可以不断提高;

②人的素质具有整体性特点,不能只强调其一,德、智、体、美、劳应全面协调发展;

③对个体而言,知识、能力、素质是浑然一体的。

因此,在人才培养过程中,要融传授知识、培养能力和提高素质于一体,且正确处理三者关系,才能促进学生素质协调发展。

四、终身教育理论

在我国的教育思想历史中,提倡终身教育观念源远流长。古有孔子的:"吾十有五而志于学,三十而立,四十而不惑,五十而知天命,六十而耳顺,七十而从心所欲,不逾矩。"近代教育家陶行知亦曾强调:"我们所要求的是整个寿命的教育:活到老、干到老、学到老、用到老。"捷克教育家夸美纽斯认为教育应从摇篮甚至更早开始,直至生命结束。英国思想家欧文主张人从出生到成年,都应当受到最好方式的教育和培养。法国教育家孔多塞主张教育应该不限年龄,任何年龄学习都是有益的而且是可能的。美国教育家赫钦斯提出"只要一个人活着,学习就不停止"。这些教育思想都较好地体现了终身学习的理念,孔子被认为是东方"发现和论述终身教育必要性的先驱者"。

1965年巴黎的联合国教科文组织成人教育会议中，法国教育家保罗·朗格朗首次以"终身教育"为题做了报告，后被誉为"现代终身教育的首倡者"。此后1970年朗格朗的《终身教育导论》一书问世，1972年联合国教科文组织出版了《学会生存——教育世界的今天和明天》一书，将"每一个人必须终身继续不断地学习"作为制定教育政策的指导原则。从此，终身教育在国际范围内成为一种颇有影响的当代教育思潮。

国际21世纪教育委员会向联合国教科文组织提交的报告中将终身教育界定为："与生命有共同外延并已扩展到社会各个方面的连续性教育。"简言之，终身教育是贯穿于人的一生的连续的多方面的有机联系的教育。因此，在农业现代化建设和乡村振兴战略实施的过程中，也要坚持终身教育的理念，不断开展对农业科技人员和农民的教育培训，高等农业教育在农业科技人员和农民培训中要起到中流砥柱的作用。

第三节 农业应用型人才培养的历史和现状

一、国（境）外农业应用型人才培养的历史和现状

18世纪以前以萨来诺大学、波隆那大学（Bologna）和巴黎大学为代表的中世纪大学，其基本职能仅仅局限在培养人才上。到了19世纪初期，大学培养人才的基本职能才得以拓展，增加了发展科学的职能。柏林大学将"教学和科研相统一"作为柏林大学的基本办学方针之一，倡导"通过研究进行教学"。不过，当时的大学基本上还处于关起门来搞科研，科研与生产的联系不大。19世纪中叶，随着技术革命的出现和社会生产的日益社会化，高等学校逐步认识到它在经济繁荣、科技进步、社会发展中的作用，从而引发高等学校新职能的产生。美国威斯康星大学首次提出了大学直接服务社会的职能，使大学与社会生产、生活实际更紧密地联系起来。威斯康星大学校长Charles.R.Yanhise提出的"服务应该是大学唯一的理想""学校的边界就是州的边界"等想法被总结成闻名遐迩的"威斯康星思想"。从此，高等院校具

有了服务社会需要的职能。高等学校的发展为推动人类文明进步和发展做出了巨大的贡献。

美国的高等农业教育对世界高等农业教育具有深刻影响。1855年美国成立第一所农业科学教育类学院——密歇根州立学院。1862年《赠予若干州和准州公有土地以建立工农学院》法案通过立法，之后，美国办起了一批"赠地学院"（又称"农工学院"），主张为地区发展服务，开始直接走向为社会服务的道路，"赠地学院"使美国高等农业教育得到快速发展。至19世纪末，美国农业和机械学院发展到67所，不仅培养了大批农业专门人才，也促进了美国农业生产，从而带动了美国工业的发展和美国经济的腾飞。之后高等农业教育也开始向综合性发展，一些农业院校转向综合性大学。

美国农业科技推广模式的最大特点是确定了以赠地学院为中心的农业科技推广体系。1862—1914年期间，美国先后颁布了《莫里尔法案》（Morrill Act）、《哈奇法案》（HatchAct）、《史密斯-利弗法》（Smith LeverAct）。美国政府通过这三个法案，把教育、科研、推广三者结合在一起，充分利用农学院在教育、科研和人才方面得天独厚的优势，使农业高科技成果能及时得到转化并迅速推广。

国外关于农业应用型人才培养的研究多起源于实践经验的传授。如1729年苏格兰的农业学校，1792年爱丁堡大学的农业讲座，1818年德国霍恩海姆建立的教学、科研和示范学校等。产业革命后欧洲成为世界经济文化中心，18世纪末就已出现了高等农业教育的雏形，19世纪初欧洲各国兴起了高等农业教育，法国的农学院始建于19世纪20年代，在农业化学、育种技术和农业机械方面都走在世界前列。

20世纪60年代，随着德国工业化、信息化迅速发展，需要大量的高素质劳动者，因此，德国开始进行高等教育改革，建立了70多所应用技术大学（Fachhochschulen FH）。这些大学的主要任务是改革理论与实践相脱节的教学方法，加强产学研合作，及时将科学研究的最新成果应用于教学，并能够根据生产和市场信息变化及时调整教学方案，让学生在科学研究的基础上获得知识、掌握技术、提升能力。德国文化部部长联席会议于1998年将应用技术大学的英文名称统一为"Universities of Applied Sciences"。随后，奥地利、荷兰、瑞士和芬兰陆续使用这个英文国际名称。

1966年英国颁布了《关于多科技术学院与其他学院的计划》，调整和合并技术学院和教育学院，建立了一些以多科技术学院为主体的高等院校，加强与工商企业界的密切合作，采用"三明治"模式开展教学，开启了高等教育"二元制时代"，为产业发展培养所需的技术技能人才。

荷兰1986年颁布了《高等职业教育法》，1993年又颁布了《高等教育和研究法》，使荷兰的应用技术人才培养得到规范和发展，并要求应用技术大学的人才培养目标定位必须与经济发展结合紧密，必须积极开展应用型研究，有效地推动创新型经济的发展。之后，欧洲其他国家也相继立法创办应用技术类型高校，如芬兰1991年启动了创建多科技术学院的试验、奥地利1993年设立了9所应用技术大学、瑞士1995年颁布了《应用科技大学联邦法》、俄罗斯2009年开展应用型学士培养，这些举措较好地满足了本国经济社会发展对技术技能型人才的需求。

20世纪70年代，为了满足第二产业对高级技术人才的需求，日本对高等教育提出教育目标要多样化的改革口号。1976年日本创办了丰桥技术科学大学和长冈技术科学大学，注重课程综合化，延长实训时间，重点培养学生的工程技术应用能力，从而推进了产学合作，提升了社会服务。

二、国内农业应用型人才培养的历史和现状

我国农业应用型人才培养的历史可以追溯到新中国成立前，当时我国高等农业教育主要参照美国的办学模式，在综合性大学内设置农学院系。后来我国则参照苏联的办学模式，创办了一些单科型的农业院校。19世纪末期我国高等农业教育进程才真正意义地开始，比欧美国家晚了大约100年。

1953年随着对生产资料私有制的社会主义改造及计划经济的实行，我国高等农业教育发展较快，高等农业院校数由1949年的18所增至1953年的26所，在校本、专科生也达到36198人，研究生183人，专任教师达到6526人。1956—1960年我国高等农业教育呈现超常规发展，1960年高等农业院校数量增到180所，在校本、专科生数增加到8.04万人。但学校数量增加的速度超过了国家当时经济的承受能力，师资和设施没有及时配套，造成教学质量下降。农业人才质量的降低反作用于农业生产，为农业经济速度减慢埋下了伏

笔。后来我国总结了1958年以来的一些经验教训，采取了一系列有效措施，从1963年起农业经济开始恢复。同时，提出"调整、巩固、充实、提高"的八字方针，对高等农业院校进行调整，到1965年高等农业院校减至45所，教学质量也得到了提高。到了1983年全国高等农业院校在校本、专科生恢复到67951人，研究生发展到1964人。

1994年在国家的统一部署下，为贯彻《中国教育改革和发展纲要》，以"共建、调整、合作、合并"为主要内容和形式，开展了高等教育管理体制改革，在1994年召开的全国普通高等农林教育工作会议上，出台了《关于进一步推进高等农林教育改革与发展的若干意见》《关于高等农林院校深化本专科招生制度改革的意见》《普通高等学校农林本、专科教育培养目标与基本规格》等一系列文件。1997年时，独立建制的农业院校由1993年的67所调整至52所。1997年以后，随着高等教育大众化进程的不断加快，我国高等农业院校又进一步得到发展，到2008年年底，独立设置的普通高等农业院校发展到83所，其中高等职业技术学院40所。

为了解决老、少、边、穷地区的农业科技人才匮乏问题，1983年试行了定向招生，1990年开始招收农村有一定实践经验的"实践生"，解决乡镇和乡镇企业高素质人才短缺问题，满足了职业技术教育发展需求。从1996年起，高等农业院校开始从农业职业高中、农业中专和农业广播电视学校对口招生，为农业生产一线输送应用技术型人才。经过多年的改革与实践，农业院校逐步形成了以国家统招为主，以招收定向生、实践生和对口生为辅的"一主三辅"的招生就业制度，打通了农业教育各层次之间的通道。70多年来，我国高等农业人才培养经历了恢复、调整、改革与发展等历程，在改革与实践中得到了长足的发展。

在20世纪20—30年代，我国学者就已经开展了关于农业应用型人才培养的研究与实践，较为典型的有：

由黄炎培等主导的中华职业教育社进行的农村改进实验，陶行知创办的乡村师范和山海工学团，晏阳初主持的中华平民教育促进会开辟的农村教育试验区，梁漱溟从事的乡村建设运动等，这些研究与实践形成了当时蔚为壮观的中国乡村教育运动。在现有文献中，对应用型人才培养的研究论文频度较高的主要集中在以下几个方面：

一是阐释应用型人才的特征、含义、分类、能力结构和培养意义。如车承军、苏群认为应用型人才培养是我国经济社会发展的需要，也是高等教育大众化本身的应有之义；陈小虎分析了新建应用型本科院校产生的时代背景以及对我国社会发展的促进作用，论述了新建应用型本科院校的基本特征。指出其办学不能走传统本科教育的老路，必须更新思想观念，创新建设思路，开拓培养途径，改革培养模式，在国家的政策引导与支持下健康快速发展。李娜、解建红认为应用型人才具备的主要能力特征应是具有极强的应用能力和实践能力，极强的工作岗位适应能力。

二是对应用型人才培养模式的研究。人才培养是一项复杂的系统工程，其核心是人才培养模式。人才培养模式是对人才培养过程的总体设计、分步实施和过程管理的一个完整的人才培养实施方案，解决的是"培养什么样的人"和"怎样培养人"的问题。教育部《关于深化教学改革培养适应21世纪需要的高质量人才的意见》中关于人才培养模式的概念，即"人才培养模式是学校为学生构建的知识、能力、素质结构，以及实现这种结构的方式，从根本上规定了人才特征并集中体现了教育思想和教育观念"。《关于进一步加强高等学校本科教学工作的若干意见》强调"坚持传授知识、培养能力、提高素质协调发展，更加注重能力培养，着力提高大学生的学习能力、实践能力和创新能力，全面推进素质教育"。秦悦悦认为应用型人才培养模式就是以培养学生实际应用能力为主要特色。张日新提出了"两段式"培养过程，"两平台，多方向"本科应用型人才培养模式。陈小虎将应用型人才培养模式概括为"一条主线、两个方向、三项原则、四个突出"。

三是改革实践经验介绍。如刘国荣介绍了湖南工程学院为适应国家对工程应用型本科教育的发展需要，开展应用型本科教育改革的经验。谭明华介绍了河南牧业经济学院应用型人才培养的经验。奚广生介绍了吉林农业科技学院中药学院通过完善和修订教学计划和构建、优化人才培养模式及培养过程等方式，有效提高了学生的动手能力、创新能力和创业能力，保证了应用型人才培养质量的经验做法。

四是综合众多高校应用型人才培养的实践，从战略高度审视应用型人才培养中存在的问题，把握关键环节，提出对策建议。陈正元在对应用型本科院校的现状、发展环境和办学定位进行分析的基础上，阐述了对应用型本科院校发展目标的几点思考。刘衍聪、李军提出基于 OBE 的理念，设计应用技术型人才培养方案，有助于形成并提升应用技术型人才培养的特色和质量。田春燕认为受认识上的分歧以及应用型高校评价指标体系的制约，应用型本科院校的人才培养方案难以从实质上体现应用型人才培养的特征，有必要建立适应不同专业人才发展的培养规格、课程体系、人才培养模式以及教师队伍。吴佳清从定性、定量和"综合"三个维度构建应用型本科人才培养方案的质量标准。李心忠、林棋从人才培养目标定位、产学深度结合、课程体系设置、师资队伍建设四个方面，提出以产业集群人才需求为导向、以产学结合为抓手，走普通教育与职业教育相结合之路，将是今后应用型本科院校转型发展的方向。

当前，我国农业正处在加快转变生产方式、推动产业结构调整升级、发展现代农业、实现农业现代化和实施乡村振兴战略的关键时期，党的十九大进一步提出建设现代农业产业体系、生产体系和经营体系，促进第一、二、三产业融合发展，要完成这些阶段历史任务，需要大力发展农业职业教育，培养大批技术应用型人才充实到农业生产一线，开展应用技术研究，推广先进的农业科学技术，解决农业生产中遇到的实际问题。从党的十八大提出要加快发展现代职业教育，推动高等教育内涵式发展，到《国务院关于加快发展现代职业教育的决定》颁布，国家的大政方针都表明要发展不同层次的职业教育，特别是要"采取试点推动、示范引领等方式，引导一批普通本科高等学校向应用技术类型高等学校转型，重点举办本科职业教育"。

2010 年以来地方高校转型发展和应用型人才培养的研究，在学术界开始受到广泛关注和普遍重视。侯长林认为地方本科高校走转型发展之路，是地方经济社会发展的需求，也是教育改革尤其是现代职业教育体系建设发展的需要。徐志强认为以建设"应用科技大学"为目标培养高层次应用型人才，借此探索地方高校与地方经济社会发展深度融合的新路径。胡岸认为与普通本科院校相比，应用型本科院校更加突出专业设置的区域性、应用性和适时性，必须围绕地方产业链的转型发展和地方企业的现实需求，进行学科专业调整，打造服务地方企业及区域经济社会转型发展的特色专业，以提升地方本科院校服务地方行业企业的能力。刘彦军认为从人才培养方面看，传统高校更注重知识的传授和研究能力的培养，而应用技术型高校则注重技术技能的培养；从科学研究方面看，传统高校重视知识的生产和创新，而应用技术型高校重视现有科技知识的转化、应用和推广；从服务社会方面看，传统高校通过科学研究和人才培养间接服务社会，而应用技术型高校在产教融合培养人才的过程中直接服务社会。

在高等农业教育和地方高校服务新农村建设和乡村振兴方面，瞿振元认为，新农村建设对农业科技、高素质农业科技人才有巨大的需求。要真正实现新农村建设的目标，达到粮食稳定增产、农民持续增收以及农村经济社会全面发展，进一步提高我国农业的国际竞争力，"科教兴农"是关键之招；加速农业科技成果转化，提高科技对农业生产的贡献率，培养和造就新农村建设需要的高素质科技人才，是赋予农业高校的历史使命。郑小波认为，在新农村建设中，农业高校既要适应国家对高等教育的整体要求，又要考虑学校自身的条件，发挥科技创新、人才培养和科技服务等重要功能，瞄准国家目标，整合科技资源，组织和承担国家重大农业科技任务，提高农业科技创新能力。国万忠、袁艳平认为，建设社会主义新农村，教育是基础，科技是关键，人才是保证。高等农业院校应提高政治站位，强化责任担当，坚定不移地走科教兴农、人才强农之路。王晓娥认为，地方高校可以利用其人才培养优势，培养农村留得住、用得上的高素质专业人才。史文宪认为，农业高等教育在农业教育体系中所处的位置就决定了其要担负起为农业发展、农村繁荣、农民增收、农业教育提供高级创新型人才与应用型人才的重任。新农村建设，要求农业高校必须调整人才培养目标，优化人才培养结构，培养下得去、留得住、用得上、干得好的应用型人才。沈振锋认为，农业高校在为农业经济发展储备高素质人才的同时，已日益成为引领科技创新和新产品研发的一支主要力量。史文宪认为，科技是农业发展的强大动力，农业高校是农业科技原始创新的主体之一。建设社会主义新农村要求农业高校主动纳入国家农业科技创新体系，提高自主创新能力和消化吸收能力，重视农业科技的基础研究、应用研究和科技开发，为增强农业科技创新能力做出积极的贡献。王银芬认为，地方高校可以发挥人力资源优势和科技资源优势，为新农村建设提供科学指导与技术支持。穆养民认为，高等学校可以利用自身的教育资源和人才优势，开展形式多样、内容丰富的新型农民培训教育工作，建立以大学为依托的农民培训教育体系。史文宪（2006）认为，农业高校可以通过职业教育、成人教育、科技培训班等方式培养和造就一批科技示范户和科技带头人，并通过他们带动更多的农民。

综上，我国高等农业教育和应用型人才培养既有理论研究，又有实践经验。取得了一定成绩，但还存在以下问题：一是理论研究多，实践研究少，多数农业高校自觉服务新农村建设的意识不强。二是缺乏根据农民的视角进行研究分析问题。众多研究都是仅出于研究者的视域进行论述高等教育如何服务新农村，很少能站在农民的立场角度去分析，从而提出更实效的服务。三是研究内容单一、分散，服务面较窄，在遵循高等教育规律的前提下，全面系统建立高校服务乡村振兴体系的研究还不多。

第四节　国内农业应用型人才培养存在的问题

我国高等农业教育的发展对于我国"三农"问题的解决起着重要的推动作用。但是，在高等农业教育人才培养过程中，还存在许多问题，概括起来主要有以下几方面：

一、办学模式单一，教学投入不足

多数高等农业院校办学模式单一，与农业生产实际结合不够紧密，国家和学校对农业院校的教学投入不足，学校办学条件与现代农业发展对教学、科研的需求不相适应。

二、教学改革不够深入，人才培养模式趋同

由于高等农业学校自身教学改革不够深入，专业设置不合理，专业单一，教学内容、方法、手段改革不适应现代农业发展和乡村振兴的需要，因此，培养的学生理论与实践容易脱节。

三、职业道德教育欠缺，学农不务农现象严重

中华人民共和国成立 70 多年来，由于受传统思想观念，农业、农村艰苦条件和社会大环境影响，高等农业院校的毕业生学农不爱农、学农不务农的现象严重，涉农专业的毕业生就业时难以回到农业一线，有的从业领域甚至与"三农"都不沾边。现在大部分毕业生都没有去农村。这在当前农业现代化建设和乡村振兴战略急需大量人才的背景下，在一定程度上影响了高等农业院校的办学效益。

第五节 农业应用型人才培养的原则

面向现代农业发展和乡村振兴的需要，适应高等教育国际化要求，特色农业应用型人才培养要坚持以习近平新时代中国特色社会主义思想为指导，坚持通识教育与专业教育相结合，教学、科研与社会服务紧密结合，深化课程体系与教学内容方法手段改革，注重实践能力和创新精神培养，为乡村振兴提供人才保障。

一、通识教育与专业教育相结合原则

通识教育是专业教育的上位概念，不仅包含专业教育，而且是专业教育的延伸、深化，与专业教育相辅相成、互为补充。应用型农业院校应在通识教育质量观的指导下，加强学科交叉、渗透和融合，促进学生知识、能力和素质协调发展。

二、科学教育与人文教育相结合原则

人文教育可通过传统文化和现代文明相结合，培养人的道德情操，体现了教育的本质特征，科学教育在传授知识和技术，征服、开发自然中体现人的价值。应用型农业院校要准确把握二者的时代特征和发展规律，建树自身

科学教育与人文教育融合观，使科学知识与人文知识有效融合，实现更高水平发展，培养具有创新精神和实践能力的新型人才。

三、应用型人才培养的共性与个性、统一性与差异性相结合原则

应用型农业院校要充分考虑学科专业和生源素质、毕业生就业岗位要求等特点，在遵循相对统一的、共同的质量标准的基础上，人才培养目标要突出针对性、实用性和发展性，注重知识、能力、素质协调发展的要求，在人才培养过程中坚持共性与个性、统一性与差异性相结合原则，确保人才培养质量。

四、产学研结合原则

应用型农业院校的学科专业要求学校教学必须坚持产学研结合原则，以提高学生的实践能力为主线组织开展教学，鼓励学生参与科学研究和科技推广活动，通过产学研结合途径培养学生的学习能力、实践动手能力、创新能力和推广应用能力。

五、终身教育原则

传统的一次性学校教育不可能满足经济和社会快速发展的需求，学习是伴随人一生的活动，也是人自身发展的基础，因此，要树立终身教育的理念，坚持学校教育和终身教育相结合，不断培养适应经济社会发展需要的合格人才。

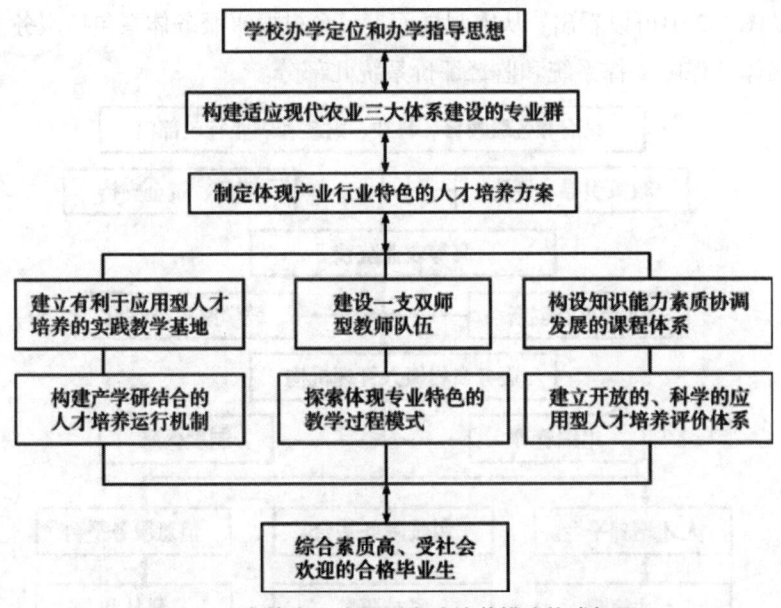

图 2-1　高等农业应用型人才培养模式构成框图

第六节　高等农业教育助力农村振兴的服务体系建设

一、高等农业教育助力乡村振兴服务体系建设的基本框架和功能

　　高等农业教育承担着人才培养、科学研究和社会服务三大职能，在助力乡村振兴过程中，可以通过人才培养模式改革、新型农民培训、科技研发、科技成果推广和信息服务等方式全方位地开展服务，增强高等农业教育服务乡村振兴的针对性和实效性，为社会主义新农村建设做出应有的贡献。高等农业教育助力乡村振兴服务体系是在政府和各级教育、科研、财政、行政部门的支持下，以高等农业院校为依托，通过中等农业院校、农业职业教育和农业科技推广部门联合涉农企业、农村经济合作组织，根据农业区域资源和产业特色，开展农业科技人才培养、农民培训、农业科技研发、推广农业先进实用新技术，促进农业科技成果转化和开展农业科技信息服务（见图 2-2）。

从图 2-2 中可以看出，从宏观层面上，乡村振兴服务体系包括服务主体、服务客体、保障支撑系统和监督评价系统几部分。

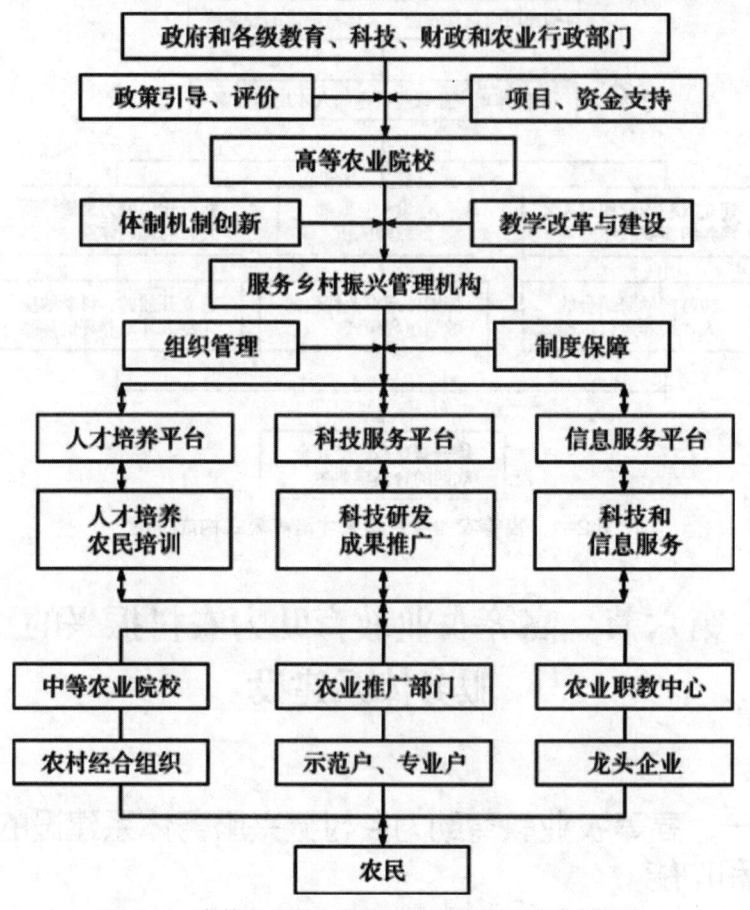

图 2-2　高等农业教育服务乡村振兴体系的基本框架

高等农业学校作为服务乡村振兴的核心，也是服务体系的主体。要想做好服务乡村振兴的各项工作，一方面应得到各级教育、行业部门的政策、资金和项目支持；另一方面，农业院校本身要通过体制机制创新，制定相关配套政策鼓励科技工作者走出校门，深入农业农村农民生产生活实际，结合生产生活实际开展科学研究，才能发现问题和解决问题，引领农业科技发展。同时，不断深入教育教学改革和科技创新，提高教育教学质量，促进农业科技成果转化。可见，高等农业教育服务乡村振兴，不仅对农业农村的建设发展起到了重要的推动作用，而且对高等农业教育自身的改革和发展也起到了重要的推动作用，二者相辅相成，互为促进。

政府和各级教育行政部门构成服务体系的保障支撑系统的组成部分，要从政策制度层面加大对高等农业教育的支持，并提供必要的农业科研、推广和服务经费。教育行政部门作为监督评价系统的重要组成部分把高等农业院校服务乡村作为评价学校办学效益和办学质量的硬性指标，建立健全考评机制，引导和约束高等农业院校服务乡村振兴的行为，保证服务质量。

各级农业、科技、财政部门构成服务体系的保障支撑系统的组成部分，要与教育部门建立联动机制，从政策、项目和资金上给予高等农业院校必要的支持，支撑高等农业院校开展科技研发、科技推广和社会服务工作。

中等农业院校、农业职教中心、县乡农业推广站、农村经济合作组织、专业户、示范户、龙头企业和广大农民作为服务对象，既构成服务体系的客体，又作为监督评价系统的重要组成部分，应主动接受高等农业院校的服务，并为服务创造便利条件，协助高等农业院校的师生开展服务工作，及时反映、反馈高等农业院校的服务质量，促进服务持续、健康发展。

从微观层面上，高等农业院校通过成立乡村振兴服务管理机构和体制、机制创新，建立人才培养、科技服务和文化信息三个服务平台，以人才培养平台为龙头，以科技服务平台和文化信息平台为两翼，各平台相互联系、相互促进，引导广大教师为乡村振兴培养人才，研发和推广先进农业科学技术，传播先进文化和农业信息。

人才培养平台。人才培养平台包括学历教育和非学历教育两部分。学历教育包括专业设置、培养目标定位、人才培养模式、教学内容、教学方法、教学手段改革和教学基本建设、师资队伍建设等，为乡村振兴培养急需的应用型人才。非学历教育包括新型农民培训方式、内容、方法、手段的研究和培训效果评价等，为乡村振兴培训新型农民。

科技服务平台。科技服务平台包括科技研发和科技推广两部分。鼓励科技人员深入农业、农村生产一线，针对乡村振兴和现代农业发展中存在的生产生活问题立项研究，培训、引进新品种，创新农业生产新技术，制定各生产环节质量标准，提高农产品质量和附加值，建立产前、产中、产后配套服务体系，促进农业科技成果转化，提高科技对农业生产的贡献率。积极争取各项政策和专项经费，促进现代农业健康持续发展。

文化、信息平台。收集、整理和处理各类农业信息，通过网络技术传播给农民，指导农民开展农业生产，传播文化知识，提高农民的科技文化素质，为乡村振兴提供文化信息服务。

二、高等农业教育助力乡村振兴服务体系建设的支撑条件

高等农业教育要建立助力乡村振兴服务体系，完成推动经济和社会发展的历史使命，除了其自身的内在机制，也需要社会为它提供必要的条件。

（一）加强政策创新，为乡村振兴服务体系建设提供政策支持

农业作为国民经济的基础，其在经济社会发展中具有举足轻重的地位和作用。而高等农业教育本身具有很强的行业性和发展的特殊性，对农业农村发展又起着重要的推动作用，在服务乡村振兴中高等农业教育发挥着不可替代的作用。国家、教育行政部门应加强政策创新，扩大农业院校招生比例，促进高等农业教育优先发展，为乡村振兴服务体系的建立提供制度保障。高等农业院校内部也应制定相应的配套政策，对服务乡村振兴的教师和专业技术人员给予经济上和地位上的支持，进一步调动教师服务乡村振兴的积极性和服务质量。

（二）加大经费投入，为乡村振兴服务体系建设提供资金保障

各级政府和教育行政部门要加强对农业教育的投入力度，增加教学经费，缩小农业教育经费的地区差，增加科技推广和社会服务专项经费，支持高等农业院校积极投身到乡村振兴实践中。各级农业、科技、财政部门应设立专项资金或通过科技研发、推广和农民培训等形式，支持高等农业院校的科研和社会服务工作。

（三）深化体制改革，为乡村振兴服务体系建设提供长效机制

国家、政府要加大体制机制改革力度，建立教育、农业、科技、财政等行业的联动机制，打通高等教育通向农村的渠道。吸收高等农业院校毕业生进入政府、各级农业管理部门和技术服务部门，更新人员结构和知识结构。

积极引导高等农业院校参与农业推广和农民培训,并逐步建立推广"以高等农业院校为核心"的"人才培养、科技研发、科技推广和信息服务""四位一体"的"三农"服务模式,提高服务质量。政府和社会要加大政策引导和舆论宣传,积极营造高等农业教育服务乡村振兴的外部环境,克服不利因素,为高等农业教育服务乡村振兴体系的建设提供良好的机遇。

(四)深化教学改革,为乡村振兴培养急需的应用型人才

高等农业院校要以乡村振兴的人才需求为导向,以应用型人才培养为核心,调整学科专业结构,深化教学内容、方法手段改革,坚持产教融合、政校企业合作,优化人才培养模式,培养学生的创新创业能力、实践动手能力,助力乡村振兴战略实施。

(五)加强引导,促进农民思想观念的转变

现阶段我国农民接受教育培训的意识仍很淡薄,学习新知识、接受新技术的能力受传统农业和小农意识的束缚,在一定程度上影响了高等农业教育服务乡村振兴的积极性和服务质量。因此,各级政府应积极引导农民转变观念,破除各种束缚,自觉接受现代科学文化知识和技术,努力使自己成为一名合格的新型职业农民。

第三章　农业人才培养机制

农业人才培养的机制改革是一种源头性控制策略，即在人才培养实施之前预先设计人才培养运行机制，通过分类培养机制实现基于个体职业发展优势区的人力资源深度开发，通过连续培养机制实现基于学习进阶理论和教育生态链理论的学习过程优化，通过协同培养理论充分发挥多维教育资源生态位的教育教学职能，全面提升人才培养质量。

第一节　分类培养机制

一、分类培养的理论支撑

分类培养的理论基础是人格类型理论，根据个体所属人格类型，可以明确个体的职业发展优势区，在此基础上实施指向职业目标的人才培养过程，面向群体中的不同人格类型个体实施分类培养。人格类型理论（personality typology theory）是指西方国家职业指导理论，20世纪60年代中期由美国职业指导专家霍兰德（John Holland）创立。其中心论点是：第一，现实社会中的每个人，其人格类型都可能以其主要方面划归某一类别，每一特殊类型人格的人会对相应职业类型中的工作感兴趣，并具有该领域的发展潜质；第二，人们寻求能获得技能、培养智力、发展能力倾向、感到愉快的职业环境，这种心理倾向取决于其职业人格类型；第三，一个人的行为取决于个体人格与所处环境特征之间的相互作用，在个体职业人格类型与实际从事的职业岗位较吻合的前提下，个体能获得更好的职业发展。

（一）职业人格类型划分

（1）社会型（S）。喜欢与人交往、不断结交新的朋友、善言谈、愿意教导别人，关心社会问题，渴望发挥自己的社会作用，寻求广泛的人际关系，比较看重社会义务和社会道德。这类人格拥有者喜欢要求与人打交道的工作，能够不断结交新朋友，乐于从事提供信息、启迪、帮助、培训、开发或治疗等事务工作并具备相应能力，如教育工作者（教师、教育行政人员）、社会工作者（咨询人员、公关人员）。

（2）企业型（E）。追求权力、权威和物质财富，具有领导才能，喜欢竞争，敢冒风险，有野心、抱负，为人务实，习惯以利益得失、权力、地位、金钱等来衡量做事的价值，做事有较强的目的性，喜欢从事具备经营、管理、劝服、监督和领导才能以实现机构、政治、社会及经济目标的工作并具备相应的能力。如项目经理、销售人员、营销管理人员、政府官员、企业领导、法官、律师。

（3）传统型（C）。尊重权威和规章制度，喜欢按计划办事，细心，有条理，习惯接受他人的指挥和领导，自己不谋求领导职务，喜欢关注实际和细节，较为谨慎和保守，缺乏创造性，不喜欢冒险和竞争，富有自我牺牲精神，喜欢要求注意细节、精确度、有系统、有条理等方面的工作并具备相应能力，如秘书、办公室人员、记事员、会计、行政助理、图书馆管理员、出纳员、打字员、投资分析员等。

（4）现实型（R）。愿意使用工具从事操作性工作，动手能力强，做事手脚灵活，动作协调，偏好于具体任务，不善言辞，做事保守，谦虚谨慎，缺乏社交能力，喜欢独立做事，喜欢使用工具、机器等需要操作技能的工作并具备相应能力，如技术性职业（计算机硬件人员、摄影师、制图员、机械装配工）、技能性职业（木匠、厨师、技工、修理工、农民、一般劳动者）。

（5）研究型（I）。思想家而非实干家，抽象思维能力强，求知欲强，肯动脑，善思考，不愿动手，知识渊博，有学识才能，善于逻辑分析和推理，不善于领导他人，喜欢从事智力的、抽象的、分析的、独立的定向任务并具备相应的能力，如科学研究人员、工程师、电脑编程人员、医生、系统分析员。

（6）艺术型（A）。有创造力，乐于创造新颖、与众不同的成果，渴望表现自己的个性，实现自身价值，做事理想化，追求完美，不重实际，具有一定的艺术才能和个性，善于表达、怀旧、心态较为复杂，不善于事务性工作，喜欢从事要求具备艺术修养、创造力、表达能力和直觉的工作并具备相应能力，如艺术性工作（演员、导演、艺术设计师、雕刻家、建筑师、广告制作人）、音乐相关工作（歌唱家、作曲家、乐队指挥）、文学创作（小说家、诗人、剧作家）。

（二）职业人格类型的内在关系

霍兰德划分的六大类型并不是并列的，也不存在明晰的边界，大多数人并非只有一种倾向，有可能同时具备六种人格关系中的几种。比如，某人可能是同时包含着社会型、现实型和研究型三种人格倾向。霍兰德以六边形标示出六大类型的关系，认为人格类型越相似相容性越强，则一个人在选择职业时所面临的内在冲突和犹豫就会越少（图3-1）。

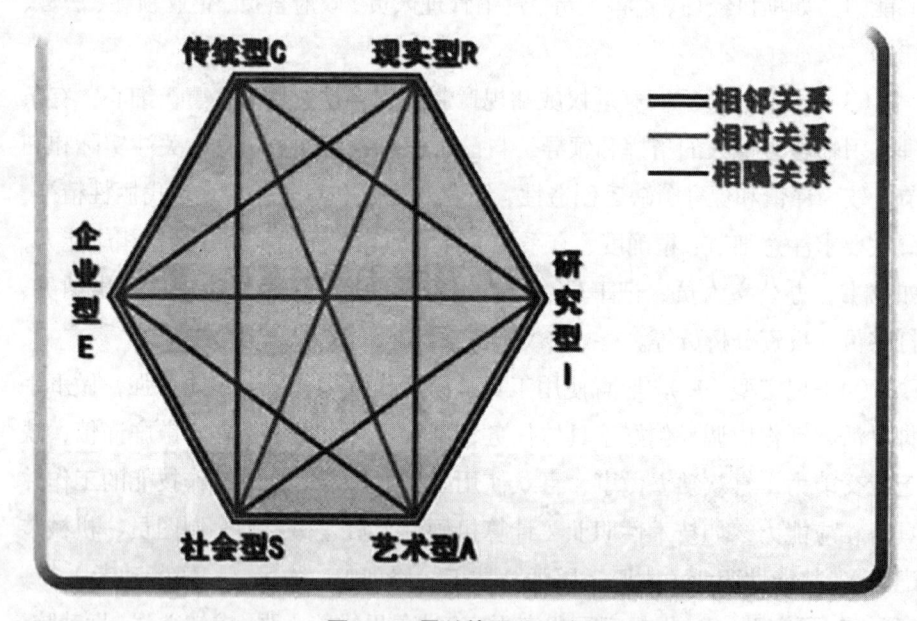

图3-1 霍兰德职业六边形

相邻关系。RI、IR、IA、AI、AS、SA、SE、ES、EC、CE、CR及RC之间的关系都属于相邻关系。属于相邻关系的两种类型的个体之间共同点较多，如现实型和研究型的人都不太偏好人际交往，这两种职业环境中也都较少有机会与人接触。②相隔关系。RA、RE、IC、IS、AR、AE、SI、SC、

EA、ER、CI及CS之间属于相隔关系，属于相隔关系的两种类型个体之间共同点较相邻关系少。③相对关系。在六边形上处于对角位置的类型之间都属于相对关系。相对关系的人格类型共同点很少，一个人同时对处于相对关系的两种职业环境都兴趣很浓的情况极为少见。

（三）人格类型、职业选择与教育培养过程

人们通常倾向选择与自我兴趣和人格类型匹配的职业环境，如果人格类型与职业类型相符，个人会感到有兴趣和内在满足，并最能发挥自己的聪明才智；如果人格类型与职业类型相近，个人经过努力，也能适应并做好工作；如果人格类型与职业类型相斥，个人对职业毫无兴趣，不能胜任工作。

立足于社会的人力资源深度开发，必须进一步拓展人格类型理论：第一，个体的职业价值观是很重要的，这也是个人本位教育价值取向者的追求。职业价值观是人生目标和人生态度在职业选择方面的具体表现，也就是一个人对职业的认识和态度以及他对职业目标的追求和向往。理想、信念、世界观对于职业的影响，集中体现在职业价值观上。简单地说，职业价值观就是在职业选择时你认为什么最重要或你更在乎什么？是需要更高的薪酬待遇，更安逸的工作环境，还是更好的职业发展空间？职业价值观是个体的主观意愿，尊重个体主观意愿是人格类型理念的立论基础。第二，个体的职业发展优势区是实现人力资源深度开发的资源基础。实际上，人格类型理论指出了个体的职业发展兴趣，同时也提出了个体具有特定的职业发展优势区，即你适合从事什么样的职业？将个体的职业发展优势区与其职业生涯实现有效对接，可以理解为"入职匹配"即个体适合从事的职业与实际从事的职业一致，就能够实现较理想的职业发展。第三，个体的职业价值观和职业发展优势区奠定了职业发展的基础，更重要的是教育培训过程和职业能力定向发展必须与之呼应，这也正是农业人才分类培养的理论支撑（图3-2）。

职业价值观：我更在乎什么？在薪酬待遇、工作环境、职业发展空间等方面选择主要方向。

职业发展优势区：研究型、艺术型？企业型、社会型？传统型、现实型？

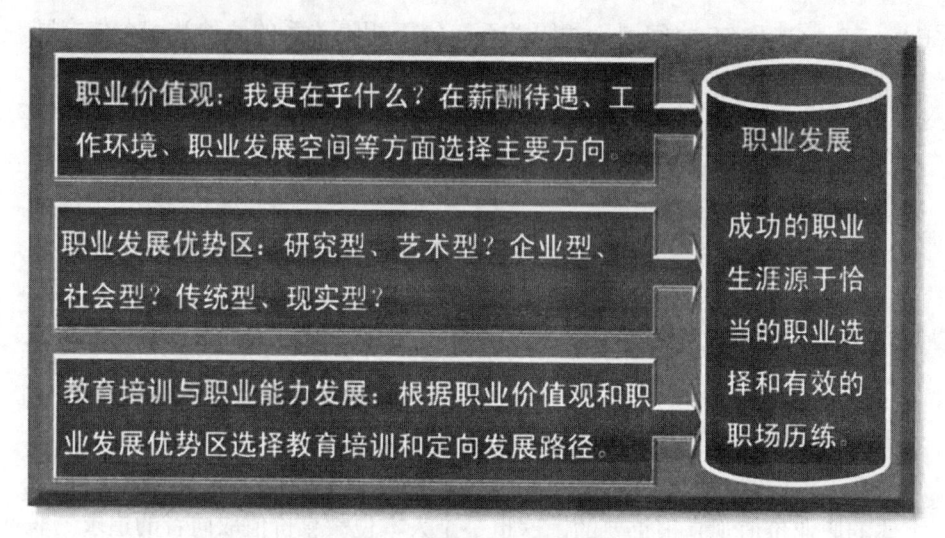

教育培训与职业能力发展：根据职业价值观和职业发展优势区选择教育培训和定向发展路径。

职业发展

成功的职业生涯源于恰当的职业选择和有效的职场历练

图 3-2　职业选择与职业发展

二、分类培养的运行模式

霍兰德的人格类型理论将个体的人格特征与职业发展联系起来，表明不同个体具有不同的职业发展优势区，如果个体的职业发展优势区与未来职业类型匹配，就能更好地发挥个体的才智和创造力，实现人力资源的深度开发。

农业人才培养实践中，首先对培养对象进行职业人格倾向测试，一般采用 MBTI 职业兴趣测试性格量表或 SCL-90 量表进行测试，根据不同学生的职业人格倾向进行粗略筛选。拔尖创新型农业人才指向科技创新，意味着未来职业是科学研究或技术研发类工作，在霍兰德职业六边形中应遴选具有研究型、艺术型人格特质的培养对象；复合应用型农业人才指向公共事务管理，意味着未来职业是从事农业行政管理、农业企业管理、农村事务管理等方面的工作，应重点遴选具有企业型、社会型人格特质的培养对象；实用技能型农业人才指向培养高素质农业劳动者，应遴选具有传统型、现实型人格特质的培养对象，实现个体职业发展优势区与农业人才培养类型以及未来职业的有效对接（图 3-3）。当然，这是一种比较理想化的设计，同时受到办学层次、个人兴趣与发展意愿等方面因素的影响。一般来说，本科高校可实行拔尖创新型、复合应用型两类农业人才分类培养改革，职业技术学院的专科层次可实行复合应用型、实用技能型两类农业人才分类培养改革。

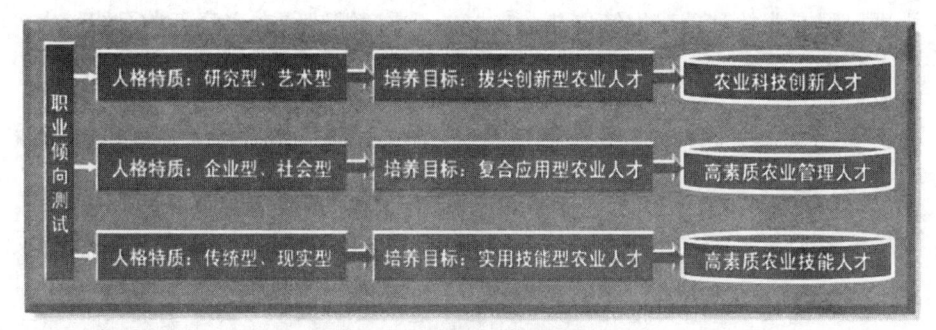

图 3-3 分类培养运行模式

三、分类培养的进入 / 退出机制

（一）新生入学时的培养对象遴选

农业人才的分类培养改革，首先要进行宣传发动，让学生充分了解农业人才分类培养改革的目的和意义，给学生详细解读有关政策，尊重学生个人意愿，让学生和家长有一定的思考酝酿时间，再按照本人申请、职业倾向测试、资格审查、面试综合考察的程序实施。一般在新生入学的军训期间进行。

（1）本人申请。本人申请时必须明确学生的职业发展意愿。大学生应具有明确的职业发展意向，申请进入拔尖创新型农业人才培养实验班学习的学生，必须具有继续深造的意愿，职业发展方向定位为农业科技创新人才；申请进入复合应用型农业人才培养实验班学习的学生，必须具有从事农业创业、农业企业管理和农村基层管理等农村工作的开展意愿，职业发展方向定位为农业创业者、农业企业家或农村行政管理人员。

（2）职业倾向测试。组织申请者到心理测试中心进行职业倾向测试。

（3）资格审查。对明显不符合培养要求的申请对象进行粗略筛选剔除。

（4）面试综合考察。学校组织由专业教师、心理健康教育专业人员和教学管理人员组成的专家组进行面试综合考察，重点考察人职匹配情况和个人综合素质与申请进入的实验班要求是否相符。

（二）修业进程中的动态考察机制

以学年为单位，对全学程修业进程中的培养对象进行动态考察。

（1）学生退出实验班。符合下列条件之一者，必须退出实验班，同时安排进入同专业的其他班继续修业：①本人不愿意继续留在实验班学习的学生。②本学年内有一门及以上课程考核不及格者。③根据学年综合考察，发现存在明显不符合实验班培养目标要求者。

（2）实验班学生遴选补员。实验班可以从同专业其他班级中遴选符合要求的学生补员，申请进入实验班学习的同专业学生，按照本人申请、资格审查、面试综合考察的程序执行。

（3）进入/退出实验班的操作办法。退出实验班学习的学生继续享受在校学生的各类待遇，但不再享受实验班的相关待遇，退出实验班学习的学生应及时转到同专业其他班级继续跟班学习。经学生本人申请、资格审查、面试综合考察程序，符合相关要求的学生，可安排进入相应实验班学习，学生应自行办理相关手续。

第二节　连续培养机制

一、连续培养的理论支撑

（一）学习进阶理论

学习进阶（Learning Progressions）是指在适当的时间跨度下，学习者的总体学习进程和学识水平达到了更高层次，即可跃入更高层次的学习。

这里有"循序渐进"的含义，同时也有时间跨度的区分，还有学习能力和学识水平的界定。实际上，在传统学年制模式下，升级、留级、跳级的学籍处理本身就蕴含学习进阶的思想，常态时间跨度下达到学习目标者升级，未达到学习目标者留级，超过学习目标者可跳级。问题在于，这种以学年为单位的时间跨度，具有太过分明的分界线，而且用学年来界定在操作上过于粗放。学习进阶理论对学习目标和学识水平进行细分化，倡导时间跨度精量化，学习进程和学识水平判别模糊化。以高等教育为例，大学专科和本科、硕士研究生、博士研究生三个层次界限分明，而且都有招生入学资格考试进行资格界定，因此带来以下问题：一是本科生与硕士研究生之间的差异有那么分明吗？二是这种招生考试制度将不同教育培养阶段严格分隔，形成了两个培养阶段之间质的区分，真是那么明确的量变与质变关系吗？三是面向群体的区分策略是否对每一个个体都适用？

　　学习进阶研究正成为科学教育的新热点，目前的研究成果主要体现在中小学教育和课程开发研究领域。对于高等教育领域的本科生、硕士研究生、博士研究生，基于学习进阶理论的连续培养机制，可以从以下四个方面来解读：第一，总体进程连贯化。培养拔尖创新型农业人才的目标指向是高端创新人才，本—硕—博连续培养是实现总体进程连贯化、系统化的关键，这样就保证了学习者在同一导师、同一创新团队、同样的资源环境条件下完成学习任务和开展科技创新，消除了大层级之间的断裂带，为早出人才、快出人才提供了条件。第二，层级分界模糊化。连续培养条件下消除了本科、硕士研究生、博士研究生之间的大层级断裂带，同时也打断了学年间的层级断裂带，层级分界模糊化本身不是目标，关键在于同一导师、同一创新团队、同样的资源环境条件下，学习者的学习任务可以更灵活地安排。例如，连续培养的学习者在任何时间均可参加与自己选题相关度高的国内外学术会议，也可开展一个需要连续多年的试验研究，在有限时间内可以吸纳更多的学术资源。第三，学习层级目标细分化。本科、硕士、博士的层级划分是现有教育体制的产物，在大群体背景下是合理的，但这三个层级并不是学习进阶的层级，学习进阶层级应根据总体学习目标来细分为许多具体目标，前一学习目标完成后及时进入下一目标的学习，而不在乎年级界限或层级界限。第四，进阶节点灵活化。学习者完成了某一学习目标即可进阶进入下一学习目标努力，实际过程中还可以将不同层次的学习目标灵活安排，充分体现了进阶节点灵活化，同时也表现出学习者群体的差异化特征（图3-4）

图3-4 基于学习进阶理论的拔尖创新型农业人才连续培养策略

（二）教育生态链理论

教育是一个循序渐进、分阶段的完整过程。因此，教育应当是一个符合人类智慧孕育、生长、发展规律的动态系统，教育过程应是一个递进式发展过程。在教育生态系统中，教育生态链具有客观存在性，充分体现教育过程的递进式发展和心智潜能的递进式激活过程。

（1）个体社会化过程的教育生态链。个体社会化是指个体在特定的社会情境中，通过自身与社会的双向互动，逐步形成社会心理定向和社会心理模式，学会履行其社会角色，由自然人转变为社会人并不断完善的长期发展过程。个体从自然人向社会人的转变过程，是一个从不知到知，从知之不多到知之甚多，从不成熟到成熟的社会生长过程，这个过程依赖一系列的教育活动或环节，这就构成了个体社会化过程的教育生态链。个体社会化过程包括家庭教育、学校教育、社会教育三个基本体系，从时序上来看，可以分为学前教育（托儿所、幼儿园）、初等教育、中等教育、高等教育（专科、本科、硕士研究生、博士研究生）、终身教育（在职学习、职场历练）。对某一个具体的个体来说，这个链状序列并不一定经历全部形式环节，而且家庭教育、学校教育、社会教育实际上是交织在一起共同起作用的，逐步形成和提高个体的职业能力和社会适应能力，最终以个体的社会成就和社会贡献体现成果。

（2）教育实施过程中的教育生态链。教育是在教育学理论和教育心理学理论指导下实施的个体社会化过程的定向控制系统，任何一个教育环节或教育过程，都是一种有序的链状结构，这就是教育实施过程中的教育生态链。这种教育实施过程中的教育生态链保证了知识的有效传播、能力的系统训练、技能的逐步提高。以本科高等教育为例，每个学校都开设了若干个专业，每个专业制订专业人才培养方案（或教学计划），专业人才培养方案对本专业四年的全学程教学活动进行了规划，这个规划就是一个典型的教育生态链。按学习的时间进程，四年八个学期都安排了相应的教育教学活动，这些教育教学活动的时间排列顺序，就是这个专业人才培养过程的教育生态链。与此类似，某门课程的教学实践是按学期授课计划实施的，学期授课计划是基于课程的教学生态链，某次具体授课也构成课堂生态链。

二、连续培养的运行模式

个体社会化是一种有序的教育生态链，这个生态链上的各环节间必须协同、统一、递进化和个性化。农业人才培养是高等教育普及化时代的精英教育，培养过程必须充分体现教育生态链有序化和学习进阶层级化培养过程，建构科学的连续培养模式，探索新时代高端农业人才培养的长效机制。图3-5是湖南农业大学的农业人才连续培养运行改革试点，该模式包括了拔尖创新型人才培养（本科阶段为面向农学专业的隆平创新实验班）、复合应用型人才培养（本科阶段为面向农村区域发展专业的春耕现代农业实验班），由于是本科起点的改革实践，所以没有包括实用技能型农业人才培养改革实践的相关内容。

为推进本科生多元化培养模式改革，加快培养适应现代化生产要求的拔尖创新型与复合应用型人才，湖南农业大学牵头的南方粮油作物国家协同创新中心从2014年开始，面向农学专业开办隆平创新实验班、面向农村区域发展专业开办春耕现代农业实验班，全面实施人才培养模式改革。为了深化"3+X"人才培养模式改革，特界定"3+X"人才培养模式改革的基本内涵。

"3+1"本科人才培养模式	隆平创新实验班学生：前三年完成主要课程学习任务，实行全程导师制，全程参加导师团队的科技创新活动，夯实科研基础技能			进入导师团队的全程科技创新实践			
	春耘现代农业实验班学生：前三年完成主要课程学习任务，实行双导师制，全程参加社会实践和管理活动，强化综合职业技能训练			进入现代农业企业分阶段顶岗实习			
	本科第一学年	本科第二学年	本科第三学年	本科第四学年			
"3+3"本—硕连续培养模式	主要面向隆平创新实验班学生			硕士层次拔尖创新型人才：面向推荐生，对接学术型硕士研究生培养，第四学年进入硕士研究生培养过程，全面融入导师科研团队			
	主要面向春耘现代农业实验班学生			硕士层次复合应用型人才：面向推荐生，对接专业型硕士研究生培养，第四学年进入硕士研究生培养过程，全程参与农业企业管理			
	本科第一学年	本科第二学年	本科第三学年	硕士第一学年	硕士第二学年	硕士第三学年	
"3+3+3"本—硕—博连续培养模式				博士层次高端创新人才：面向推荐生，第四学年对接学术型硕士培养，全程融入导师科研团队，第五学年注册为学硕，第六学年取得硕—博连读资格（综合评估可能达不到要求者转为硕士层次拔尖创新型人才培养）。全学程9年，全程对接国家重大研发任务					
	本科第一学年	本科第二学年	本科第三学年	直博第一学年	直博第二学年	直博第三学年	直博第四学年	直博第五学年	直博第六学年

图 3-5 湖南农业大学的"3+X"农业人才培养改革试点

（1）"3+1"执行模式：实验班学生在本科 4 年修业期间，前三年完成课程学习任务和主要实践教学环节并跟随导师团队开展科研实践或社会实践，第四学年分流，拔尖创新型人才培养进入导师团队进行科研训练并完成本科毕业论文，复合应用型人才培养进入现代农业企业开展基于"双导师制"（校内导师＋企业导师）的顶岗实习并完成毕业论文，完成本科学业任务后自主创业、自主考研或由中心推荐就业。

（2）"3+3"执行模式：本模式重点探索复合应用型人才培养模式，要求本科阶段和研究生阶段跨学科，如"管理学＋农学或农学＋管理学"。实验班学生完成前三年学业任务以后，面向取得推荐免试攻读硕士研究生资格的培养对象，对接专业型硕士研究生培养方案，第四学年开始进入硕士研究生培养过程，同时完成本科毕业论文并取得学士学位和本科毕业证，第五学年注册为专业学位硕士研究生，全学程 6 年，达到培养要求者取得专业学位和研究生学历。

（3）"3+3+3"执行模式：本模式重点探索拔尖创新型人才培养模式，限于作物学一级学科的人才培养模式改革，可简称"直博生"。实验班学生完成前三年学业任务以后，面向取得推荐免试攻读硕士学位研究生资格的培养对象，对接学术型硕士研究生培养方案，第四学年开始进入硕士研究生培养过程，同时完成本科毕业论文并取得学士学位和本科毕业证，第五学年注册为学术型硕士研究生，第七学年取得硕—博连读资格，全学程9年，达到培养要求者取得博士学位和研究生学历。

三、连续培养的实施策略

（一）培养对象遴选办法

"3+X"人才培养模式改革涉及国家有关高等学校学籍管理的政策和学校有关南方粮油作物协同创新中心本科人才培养的政策支持，遴选"3+X"培养对象必须在现有政策框架下实施。在三种执行模式中，"3+1"执行模式在本科阶段完成，执行学校本科生的有关管理规定。此处的培养对象遴选仅针对"3+3"和"3+3+3"人才培养模式改革的实施对象。

（1）推荐免试攻读硕士学位研究生的指标分配。执行《南方粮油作物协同创新中心本科人才培养实施细则》（湘农大〔2016〕28号），面向当年的实验班本科四年级学生班安排5个名额。其中，隆平创新实验班3个名额，春耕现代农业实验班2个名额，指标类别为推荐免试攻读硕士研究生的第二类第1小类。

（2）遴选培养对象。面向南方粮油作物协同创新中心本科人才培养计划的实验班学生，执行《湖南农业大学推荐优秀应届本科毕业生免试攻读硕士学位研究生实施办法》（湘农大〔2014〕19号），由湖南农业大学农学院和南方粮油作物协同创新中心本科人才培养专家组组织综合考察遴选培养对象。

（3）确定培养模式。对于已取得"推免生"资格的实验班学生，可选择"3+3"或"3+3+3"培养模式中的任意一种，具体要求：①选择"3+3"培养模式的学生，本科阶段应有担任学生干部和社会实践经历，硕士阶段为专业硕士，探索复合应用型人才培养模式改革，其本科阶段的导师应具有硕士研究生导师资格，年到位科研经费20万元以上。②选择"3+3+3"培养模式的学生，本科阶段应有较扎实的科研训练基础，具有较强烈的创新意识、创新思维和创新能力，以第一作者发表学术论文1篇以上，硕士阶段为学术型硕士，探索拔尖创新型人才培养模式改革，其本科阶段的导师应具有博士研究生导师资格，年到位科研经费50万元以上。

（3）"3+3+3"培养对象的后续管理。实施"3+3+3"模式的培养对象全学程9年，第七学年执行《湖南农业大学在读硕士研究生硕博连读博士学位管理办法（试行）》（湘农大〔2013〕40号），硕士阶段的课程平均成绩在80分以上，英语通过CET-6或PETS-5，发表1篇以上SCI收录论文，单篇或累计影响因子达到2.0以上，达到要求者继续修业并于第九学年申请博士学位和研究生学历。未达到要求者转为"3+4"执行模式，申请学术型硕士学位和研究生学历。"3+3+3"培养对象于第九学年申请博士学位时，所发表的SCI论文单篇或累计影响因子应达到5.0以上。

（二）主要改革措施

（1）全程导师制。为了切实保证"3+X"人才培养模式改革的连续性和系统性，加速优秀人才培养进程，奠定"四青"人才培养基础，实行全程导师制，具体实施办法：本科阶段实行全程本科生导师制，研究生阶段实行"团队指导+责任导师制"且本科阶段的导师和研究生阶段的责任导师为同一指导教师，以全面体现学习进阶理论、耗散结构理论和系统教育理论的应用，强化学生的个性化培养。

（2）学习激励机制。遴选为"3+3"或"3+3+3"培养对象的学生，在享受湖南农业大学相应层次研究生的全部待遇的基础上，"中心"实行以下学习激励机制。①外语单项奖学金。"中心"设立外语单项奖学金，奖励外语取得第三方认证达到出国留学基本要求者（如IELTS达6.5分及以上，PETS-5笔试60分及以上、口语3分及以上、听力18分及以上，TOEFL达580分及以上），奖励标准：10000元/人。本项对取得多项证书者不重复奖励。②中期考核专项奖学金。"中心"设立中期考核专项奖学金，奖励中期考核成绩为"优秀"的学生，奖励标准为10000元/人。

（3）创新激励机制。①研究性学习项目。"中心"在《南方粮油作物协同创新中心本科人才培养实施细则》所明确的"探索性学习与研究性学习"项目的基础上，拓展面向"3+3""3+3+3"人才培养模式改革专项，评审通过的项目按5万元/项的标准实行立项资助，项目完成验收后的资助标准参照执行。②创新成果奖。"中心"设立创新成果奖，在执行《湖南农业大学全日制研究生科研成就奖学金评选暂行办法》的基础上，中心按1∶1配套奖励，加大奖励力度。

（4）国际化培养机制。"中心"鼓励"3+X"人才培养模式改革开展国际化培养。①本科阶段的实验班学生在国内知名高校或科研机构访学或交流学习，"中心"按实际开支承担全部费用；实验班的本科生到国外交流学习按10000元/人的标准补贴。②"3+3"或"3+3+3"培养对象到国内知名高校或科研机构访学或交流学习2个月以上，"中心"按20000元/人次的标准给予资助。③"3+3"或"3+3+3"培养对象到国外知名高校或科研机构访学或交流学习2个月以上，"中心"按50000元/人次的标准给予资助。

第三节　协同培养机制

一、协同培养的理论支撑

（一）大学—产业—政府三螺旋理论

美国学者亨利·埃茨科维兹（Henry Etzkowitz）由麻省理工学院与波士顿地区、斯坦福大学与硅谷两个案例出发而得出的三螺旋理论，对区域经济发展具有十分重要的指导意义。三螺旋理论认为，在知识经济社会，一个国家的强盛取决于它在政治、经济、科技、教育等方面的创新，包括概念层面的"慧件"创新、制度层面的"软件"创新和技术层面的"硬件"创新，而创新的主体是大学—产业—政府以经济发展的需求为纽带而联结起来的整体，通过组织层面制度性或结构性的安排，实现三者信息与资源的分享，达到资源的协同运用和效能整合。大学和研究机构拥有丰富的知识储量、先进的技术研发条件和强劲的知识创新能力；作为产业外在表现形式的企业则具有较强的创新需求和催生高技术产业的物质条件，能敏锐地捕捉市场动态和社会需求；政府拥有资金和组织调控能力，是技术创新政策和环境的创造者或维护者，能够承担一定的技术创新风险，三种力量的交叉影响，形成螺旋式上升的发展格局（图3-6）。

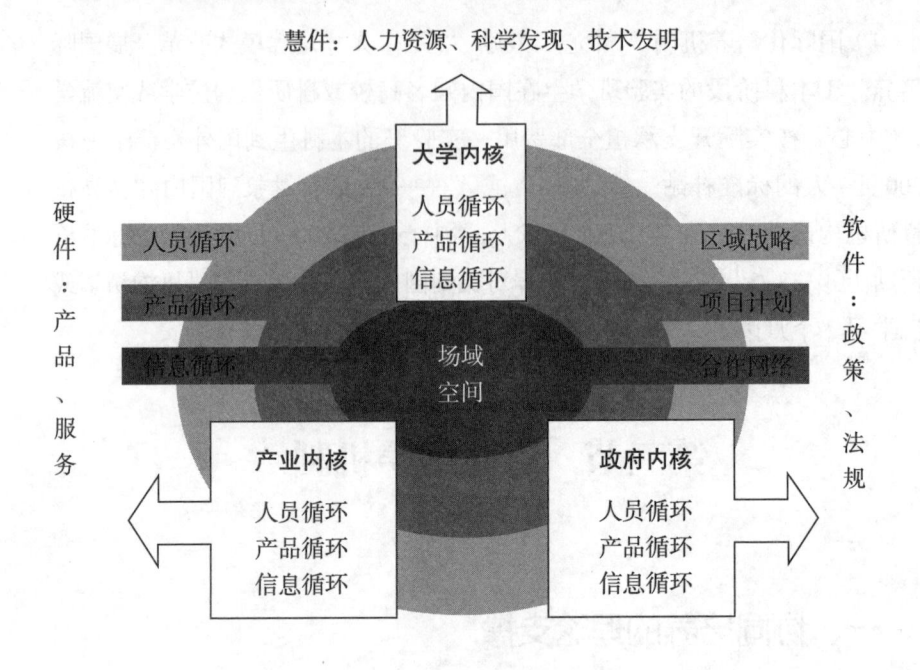

图 3-6 三螺旋理论图解

亨利·埃茨科维兹注重从社会学的视角来研究创新活动的组织实现问题，他把大学、产业、政府三方看作社会活动角色，它们不仅是创新的要素，还是活动主体，即三者都可以是创新的组织者、主体和参与者，无论以哪一方为主，最终都要实现动态三螺旋，推动各种创新活动的深入开展。在这个过程中，三方各自起独特的作用，但又和谐地相互作用、协作创新，从而推动区域经济和社会发展。三螺旋理论认为，系统的演化过程包括三个阶段：知识空间、趋同空间和创新空间，这三个空间彼此重叠，相互交叉，在知识经济社会中利用高技术实现区域创新。知识空间为区域发展提供原料和知识源泉，这就意味着区域里要有一定规模与层次的大学和研究机构。趋同空间是指相关参与者在一起工作的过程中，大学、产业和政府三方的代表们反复论证，达成共识，形成战略并把实现这一战略的资源组织在一起时，趋同空间的目的就达到了。创新空间概指组织的创建或改进，目的在于填补在趋同空间被确认的发展缺口，实现趋同空间拟定的战略。创新空间是开展创新活动的空间，高度依赖大学、产业、政府之间的相互作用网。

（二）哈肯的协同论

协同论亦称协同学或协和学，是研究不同事物共同特征及其协同机制的新兴学科和理论基础，主要探讨各种系统从无序变为有序时的相似性。协同论主要研究远离平衡态的开放系统在与外界有物质或能量交换的情况下，如何通过自己内部协同作用，自发地形成时间、空间和功能上的有序结构。协同论以现代科学的最新成果——系统论、信息论、控制论、突变论等为基础，吸取了结构耗散理论的大量营养，采用统计学和动力学相结合的方法，通过对不同领域的分析，提出了多维相空间理论，建立了一整套的数学模型和处理方案，在微观到宏观的过渡上，描述了各种系统和现象中从无序到有序转变的共同规律。

协同学的创立者是联邦德国斯图加特大学教授、著名物理学家哈肯（Haken，1927—　）。1971年提出协同的概念，1976年系统地论述了协同理论，发表了《协同学导论》，还著有《高等协同学》等。协同论认为，千差万别的系统，尽管其属性不同，但在整个环境中，各个系统间存在着相互影响而又相互合作的关系。协同论指出，大量子系统组成的系统，在一定条件下，由于子系统相互作用和协作，从而推进系统的发展和演变。应用协同论方法，可以把已经取得的研究成果，类比拓宽于其他学科，为探索未知领域提供有效的手段，还可以用于找出影响系统变化的控制因素，进而发挥系统内子系统间的协同作用。

协同论指出，一方面，对于一种模型，随着参数、边界条件的不同以及涨落的作用，所得到的图样可能很不相同；另一方面，对于一些很不相同的系统，却可以产生相同的图样。由此可以得出一个结论，形态发生过程的不同模型可以导致相同的图样。协同论揭示了物态变化的普遍程式：旧结构、不稳定性、新结构，其间，随机"力"和决定论性"力"之间的相互作用把系统从旧状态驱动到新状态。系统的功能和结构是互相依存的，当能流或物质流被切断的时候，系统就可能失去自己的结构或使结构受损，也可能形成新结构。由于协同论把它的研究领域扩展到许多学科，并且试图对似乎完全不同的学科之间增进"相互了解"和"相互促进"使协同论成为软科学研究的重要工具和方法。

(三)教育生态位理论

教育生态位理论是在分析、总结基础生态学中的生态位理论的基础上提出来的。基础生态学以自然生态系统为研究对象，总结出生态系统中各种生物在长期适应自然环境的过程中，形成了特定的生态位，包括空间生态位、资源利用生态位、多维生态位。在各类教育生态系统中，同样存在生态位现象。

（1）基本教育生态位

个体社会化过程所必须经历的家庭教育、学校教育和社会教育，就是基本教育生态位。在这里，狭义的家庭教育是父母和其他家庭成员对家庭中的未成年人实施的教育，广义的家庭教育则是指共同生活的家庭成员彼此之间相互影响和教育（可见广义的家庭教育是一种终身教育）。学校教育专指受教育者在各类学校内或教育机构中所接受的各种教育活动或系统训练，是教育制度的重要组成部分。社会教育也有广义和狭义两种理解：广义的社会教育指一切影响个人身心发展的社会活动；狭义的社会教育则指学校教育以外的社区（或农村）一切文化教育设施对青少年、儿童和成人进行的各种教育活动。家庭教育、学校教育和社会教育虽然是人生发展过程中的三个基本教育生态位，但它们对个体社会化的作用是相互影响、相互制约、相互作用和相互依赖的，共同促进个体的身心发展。

（2）学校教育生态位

学校教育是个人一生中所受教育最重要的组成部分，个人在学校里接受计划性的指导，系统地学习文化知识、科学技术、社会规范、道德准则和价值观念。学校教育从某种意义上讲，决定着个人社会化的水平和性质，是个体社会化的重要基地。知识经济时代要求社会尊师重教，学校教育越来越受重视，在社会中起着举足轻重的作用。学校教育中的教育生态位具体表现为学校生态位。学校教育包括学前教育、初等教育、中等教育和高等教育等阶段，这是根据受教育者的心理特征而设计的教育层次生态位。根据学校实体的层次关系，可以分为托儿所、幼儿园、小学、初中、高中（或职业中学）、大学，这是我国教育体系中的教育机构生态位。不同层次的学校教育或不同的教育机构，必须根据自己的生态位特征，科学组织和实施教育活动。

（3）教育活动生态位

教育活动有广义与狭义之分。广义的教育活动泛指影响人的身心发展的各种教育活动，包括家庭教育、学校教育和社会教育活动。狭义的教育活动则是指学校教育活动。学校教育活动是贯彻教育方针，围绕培养目标，遵循教育学和教育心理学规律，针对学生特点而设计的一系列教育教学环节。这一系列的教育教学环节，通常以教学计划或专业人才培养方案，形成相对固定的总体方案，为实现培养目标提供基本依据。学校教育活动生态位，从学校教育的组织形式来看，有教学活动（军训、入学教育、毕业教育、专题讲座及一系列课程和实践教学环节）、课外活动（也称第二课堂活动）、社会实践活动，这是学校教育活动的形式生态位。从学校教育活动的实践主体来看，有管理者的活动、教师的活动、学生的活动，这是学校教育的主体生态位。从学校教育的内容来看，有课内外进行的德育、智育、体育、美育、劳动技术教育以及发展个性特长等各种教育活动，这是学校教育的内容生态位。

（4）课堂教学生态位

课堂教学是学校教育普遍使用的一种手段或形式，它是教师给学生传授知识、启迪思维、培养能力、训练技能的过程。课堂教学的组织形式主要是班级授课制（个别教学属于师徒制）。随着资本主义的发展和科学技术的进步，教育对象范围的扩大和教学内容的增加，需要有一种新的教学组织形式来实施学校教育。16世纪，在西欧一些国家创办的古典中学里出现了班级教学的尝试。如法国的居耶讷中学分为十个年级，以十年级为最低年级，一年级为最高年级。在一年级以后，还附设二年制的大学预科。德国斯特拉斯堡的文科中学分为九个年级，还设一个预备级，为十年级。1632年，捷克教育家夸美纽斯总结了前人和自己的实践经验，在其所著的《大教学论》中对班级授课制进行了系统论证，从而奠定了班级教学的理论基础。班级教学的主要优点：①把相同或相近年龄和知识程度的学生编为一个班级，使他们成为一个集体，可以相互促进和提高。②教师按固定的时间表同时对几十名学生进行教学，提高了教育效率和教育受益面。③在教学内容和教学时间方面有统一的规定和要求，使教学能有计划、有组织地进行，有利于提高教学质量和发展教育事业。④各门学科轮流交替上课，既能扩大学生的知识领域，又可以提高学习兴趣和效果，减轻学习疲劳。但是，班级教学也存在着一定的局限性：主要是不能充分地适应学生的个别差异，照顾每个学生的兴趣、爱好和特长，难以充分兼顾优生和学困生的学习进程。

从实施过程来看，课堂教学主要包括教师讲解、学生练习、双边交流（教师设问与学生答问、学生提问与教师答疑）、学生互动等过程，这是课堂教学的过程生态位。教师讲解是课堂教学的主要形式，也是体现教师水平和技巧的重要途径；学生练习是实现学生加深知识理解、提高动手能力、训练综合素质的重要途径，在中小学阶段的学生练习主要通过实验课、课内作业和课外作业实现，中等职业教育和高等教育则通过实验、教学实习、生产实习、毕业实习、综合实习等形式完成，全面提高学生的实践能力和综合职业素质；双边交流是对班级授课制的创新性改革，通过师生互动交流，使教师更好地把握和控制教学过程；学生互动是班级教学过程中的辅助环节，对提高学生的表达能力、人际交流能力和沟通协调能力具有十分重要的意义，同时也是巩固教学效果的重要途径。

从学校教育的课堂教学组织实施情况来看，课堂教学是以各类学习活动为基本组织单元或形式，任何一个学习活动的操作过程，都包括教师备课、教师讲课、布置和批改作业（或操作训练）、课后辅导、考核等基本环节，这就是课堂教学的环节生态位。在这里，教师备课应该称为课前准备，或者说称为"教学设计"更为贴切，是课堂教学组织的前期重要工作。教师讲课是课堂教学的主体内容，面向对象（学生群体和特殊个体）的课堂教学是教师终身探究的重大课题。对中小学而言，作业布置和批改是教、学相长的重要过程；对于职业教育和高等教育，实践教学环节中学生的实际操作和技能训练更是培养综合职业能力的重要措施。课后辅导既包括师生的课后交流、个别辅导、重点辅导、针对性答疑，也包括对极端个体（优生、学困生等）的特别指导。准确地说，考核应该用"教学测量"来替代，既检验教师的教学效果，同时也检验学生的学习效果，是对某一个学习活动完成以后的实际效果进行综合检验。

站在学生的角度，课堂教学的学习心理过程体现为听、观、思、读、练（练习和表达）五个基本实践过程，这称为课堂教学的习得生态位。学习过程是一种激发个体内部潜能的过程，通过学习使知识、信息和体验内化为学习者的思维素材和实际能力，通过"听"来接收语音信息，学习前人的间接经验并内化整合进入自己的知识结构；通过"观"来体验教学素材（教师肢体语言和表情、多媒体课件、教具演示、演示性实验等）的内涵信息，并训练自己的观察能力、思维能力和想象能力；通过"思"来对感知信息进行综合分析和判断，训练自己的思维过程；通过"读"（朗读、阅读、泛读等）来广泛接收信息，拓展知识面，巩固学习效果；通过"练"来训练学习者的学习能力、表达能力、动手能力、实践能力和创新能力。

站在教师的角度，每一次课堂教学活动的组织，都包括课前准备（教学设计）、导入（引发主题）、主题探究（讲解和互动）、强化巩固（双边交流和练习）、总结拓展，这是课堂教学的单元生态位。教师在实施课堂教学时，必须分析学习者的知识背景和能力基础，认真进行教学设计，做好课前准备。实际授课时，恰当的导入是一个良好的开端，既能吸引学生的注意力，同时也使学习者明确本次课的学习目的，从而提高学习积极性。主题探究是教师授课的主体内容，某次授课可能存在多个并列主题，恰当的主题探究逻辑体系是教师讲解的基本要求，同时也是提高教学效果的有效途径，能实现课堂教学过程中对学习者的思维驾驭。强化巩固是针对教学内容的重点、难点而事先设计的双边交流和学生练习等环节，使学习者更好地掌握重要知识点和技能。总结拓展引发学习者的进一步思考和学习期望，激发学习者的求知欲，为其后续学习埋下伏笔。教师完成的每一次课堂教学活动都是一个创造过程，提高教学效果是一个永无止境、永无至善的过程。

（四）教育资源生态位拓适理论

任何一个生态系统，成功的发展必须善于拓展资源生态位和调整需求生态位，以改造和适应环境，提高系统的整体功能。只追求开拓而不注意适应，就会缺乏发展的稳定和柔度；只强调适应而不注意开拓，就会缺乏发展的速度和力度。这就是生态系统的功能拓适原理。

（1）学校生态系统资源生态位的社会功能拓适

学校生态系统的教育教学资源方面存在多种形式的空闲生态位：第一，我国学校实行年度二学期制度，全年52周中至少存在10周的寒、暑假，导致教育资源的利用时间仅80%左右。寒暑假期间，教室、实验室、运动场地与设施以及教师资源等，形成学校生态系统的最大空闲生态位，针对这类空闲生态位的社会功能拓展，有多种不同的做法，有些学校利用暑假的长假期开展面向社会的培训，提高资源利用率；有些学校利用暑假期间与本地旅游旺季相吻合的特征，利用学生宿舍资源接待旅客创收；有些学校利用假期闲置的教育教学资源对本校学生实行强化培训，拓展学生素质。第二，学校的年岁节日和周末假日同样存在教育教学资源闲置的问题，形成学校生态系统的空闲生态位。对这类空闲生态位的利用，可以安排周末假日的定期或不定期的培训班，提高资源利用率。第三，学校生态系统的教育教学资源存在功能组分冗余现象，即配备的教育教学资源在保证完成常规教学任务的前提下尚有余力。如高等学校或中等职业学校开设某个专业必须配备相应的实验实训设备设施，但只有一个或几个教学班在利用这些实验实训设备设施完成教学任务，还有大量的时间处于资源闲置状态。这种教育教学资源的功能组成冗余，形成了学校教育资源多样化的空闲生态位，如何合理利用这些空闲生态位，具有很大的研究空间。目前，很多普通高等学校在完成全日制教学的同时，通过招收相关专业的自学考试学生，有效地提高了相关专业冗余的功能组分利用率。世纪之交迅速发展的独立学院，是一种母体高校利用新机制、新模式举办的具有中国特色的新兴大学，母体高校具有悠久的办学历史和丰富的教育教学资源，独立学院通过开设与母体高校的同类专业共享母体高校的教育教学资源，是对功能组分冗余类空间生态位的有效利用途径之一。

教育教学资源空闲生态位的社会功能拓适，必须在保证学校生态系统的常规教育教学不受影响的前提下，科学开发空闲生态位的社会功能，对于不具备空闲生态位开发条件或有可能影响正常教育教学活动的开发活动，应形成政府及其教育行政部门以及社会各界的监督机制，避免影响正常教学秩序。

（2）社会教育资源生态位的价值空间

教育教学资源系统是一个高度开放的社会资源系统，具有多样化的生态位，教育实施者通过组织受教育者合理利用多维教育资源生态位，构建协同培养机制，全面提升人才培养效果。学校以外的社会教育资源生态位具有一个广泛的范畴：①其他教育机构的教育教学资源。任何教育机构都有其独特的生长规律和发生学特征网，定向积累了特色化的教育教学资源，为教育机构之间的合作办学、访学、交流、协同培养提供了广阔空间。②科研机构的优质资源。科研机构积累了极具特色的优质资源，包括学科资源、科技创新平台资源、科研成果转化资源等，为拔尖创新型农业人才培养提供了独特的优质资源，具有很大的协同培养创新空间。③生产一线的特色资源。教育为生产服务，人才培养的目标必须为生产一线服务，那么人才培养过程中，学习者必须了解生产一线情况、把握生产一线动态、学习生产一线经验。这类社会教育教学资源是教育机构自己的"短板",具有极高的利用价值。高等教育的人才培养过程中安排生产实习、综合实习、毕业实习,正是对这类资源的科学利用,也是推进学生个体社会化进程的重要环节。

二、协同培养的运行模式

农业人才培养实践中,本科高校主要培养拔尖创新型人才和复合应用型人才,职业教育领域主要培养复合应用型人才和实用技能型人才,这种社会分工也体现在协同培养模式的运行方式差异上。

(一)本科高校的协同培养运行机制

本科高校的农业人才协同培养,是在充分利用本校基本办学条件、学科资源、创新平台、实验实训条件等的前提下,根据不同类别的农业人才培养目标进行整体策划和合理安排。拔尖创新型农业人才培养,重点考虑利用国内外其他高等学校的特色资源、科研院所的学科资源和科技创新平台资源、生产一线的科学问题凝练资源(国家政策导向、地方需求、生产现状、技术需求等)和日常生活环境感染与熏陶网;复合应用型人才培养过程中,重点利用国内外其他高等学校的特色资源、科研院所的科技成果转化资源(支撑创业能力培养)、生产一线经营管理资源和日常生活环境感染与熏陶(图3-7)。

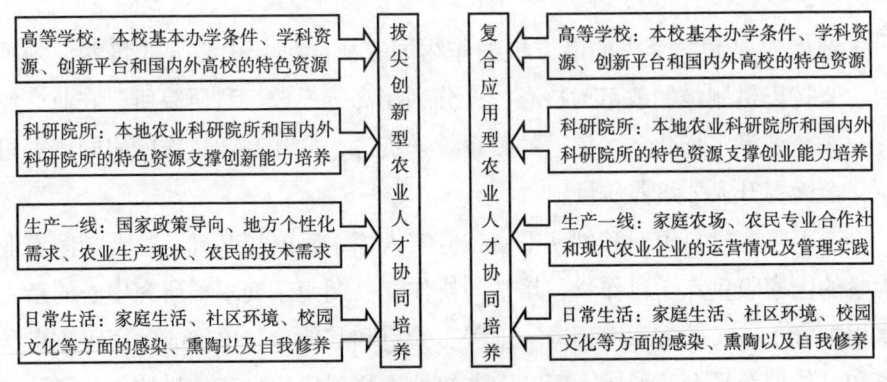

图3-7 本科高校的协同培养运行机制

(二)职业教育领域的协同培养运行机制

职业教育领域的农业人才培养,包括高等职业技术学院(大学专科层次）、中等职业学校（中专层次）和新型职业农民培育体系（中专层次，包括农业广播电视学校和社会办学），主要指向培育复合应用型农业人才和实用技能型农业人才。职业教育领域的农业人才协同培养，对于其他教育机构的教学资源利用，既包括同类学校的教育教学资源，也包括高等农林院校的教育教学资源；科研院所和农业技术推广部门为职业教育领域提供了特色化的教育教学资源；生产一线则重点在于各类新型农业经营主体的生产经营和管理实践（图3-8）。

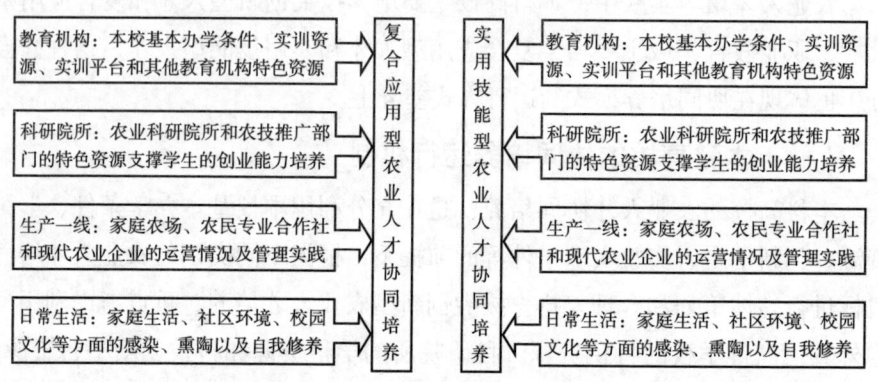

图3-8 职业教育领域的协同培养运行机制

三、湖南农业大学的实践探索

湖南农业大学牵头的南方粮油作物国家协同创新中心人才培养计划项目，坚持以机制体制改革为核心，充分利用高等学校、科研院所、农业产业化龙头企业等多样化、多渠道的教育教学资源，构建高效运作的协同培养机制，全面提升人才培养质量。

（1）整合学科资源和创新平台，夯实人才培养资源基础。整合湖南农业大学的国家级重点学科作物栽培学与耕作学、湖南杂交水稻研究中心的杂交水稻国家重点实验室和水稻国家工程实验室和其他参与单位的国家级重点学科和科技创新平台，形成了面向南方粮油作物现代化生产的科技创新团队和示范团队，集聚了一批高端人才，实现了科研资源的有效共享，为人才培养计划项目提供了丰富的优质资源。在实施过程中，依托南方粮油作物协同创新中心各创新团队的高端人才和研发骨干，构建了高水平的教学团队，为各层次的人才培养计划项目提供了高水平师资队伍和导师资源；依托多渠道的创新平台和研发任务，为各层次的人才培养计划项目提供了对接南方粮油作物现代化生产的培养条件和选题资源。

（2）依托创新团队和研发任务，构建拔尖创新型人才培养的特色平台。南方粮油作物协同创新中心的三大创新平台和11个创新团队为拔尖创新型农业人才培养提供了特色平台，每个创新团队均有明确的研发方向和一批重大研发任务，各层次的拔尖创新型人才培养对接创新团队及其研发任务，开展创新能力训练并形成创新教育成果。本科层次的隆平创新实验班学生第二学年开始进入团队参加科研实践，第三学年对接导师的研发任务开展"六边"综合实习，第四学年全程参加科研实践并根据所承担的试验项目完成毕业论文。学术型硕士研究生和博士研究生入学即对接相应的创新团队成为团队成员，全学程参加团队的研发项目，形成自己的创新教育显性成果，完成高水平的学位论文。

（3）依托示范基地和企业资源，构建复合应用型人才培养的特色平台。南方粮油作物协同创新中心在南方稻区各省建成了一批示范基地，为复合应用型人才培养提供了特色化的实训基地，袁隆平农业高科技股份有限公司、湖南金健米业股份有限公司、现代农业装备科技股份有限公司等现代农业企业集研发、生产、营销、管理等功能于一体，更是复合应用型人才培养的重要资源。本科层次的春耕现代农业实验班学生，第三学年进入中心集成示范平台的示范基地开展"六边"综合实习，第四学年进入现代农业企业开展分阶段轮岗的顶岗实习，全面提高综合职业技能。作为复合应用型人才培养的专业硕士，第一学年对接中心集成示范平台的示范基地开展广泛的调研，第二学年进入现代农业企业进行多岗位锻炼的管理实践，并对接中心研发任务完成学位论文。

第四章 农业人才培养实践创新

创新创业是推进时代进步的最强动力。伴随着全球创新范式发生变化，高等学校在科技创新中的定位正在发生重大变革，逐渐从科技贡献者产学研合作模式（创新1.0）向创新创业中心转变（创新2.0）。农业人才培养，必须探索面向现代农业生产的创新创业教育模式，开展全方位的拔尖创新型农业人才、复合应用型农业人才、实用技能型农业人才培养实践探索。

第一节 农业人才培养的顶层设计

一、农业人才培养实践框架

农业人才培养必须服务于农业人才培养的动力学机制，以"互联网+"时代的教育教学理念和学习理念为改革的行动指导，在遵循教育学和教育心理学一般规律的前提下科学应用农业人才培养的理论创新成果和机制改革模式，依托资源基础和保障措施，开展进入/退出机制构建、人才培养模式改革、人才培养方案改革、人才培养过程改革、质量评价体系改革，来实施职教领域实用技能型人才、本科层次复合应用型人才、本科层次拔尖创新型人才、硕士层次复合应用型人才、硕士层次拔尖创新型人才和博士层次高端创新人才培养（如图4-1所示）。在这里，实用技能型农业人才主要由专科层次的职业技术学院和中职层次的职业高中、职业中专、农业广播电视学校系统来实施，培养面向现代农业全产业链的现代农业农艺工匠和经营家庭农场的理性小农；复合应用型农业人才包括专科层次的职业技术学院、本科层次的教学型大学（或专业）和专业型硕士三个层级，即专科层次的初级复合应用型农业人才、本科层次的中级复合应用型农业人才和硕士层次的高素质复合应用型农业人才；拔尖创新型农业人才主要由研究型大学或教学研究型大学来实施，包括本科层次的初级拔尖创新型农业人才、学术型硕士层次的中级拔尖创新型农业人才和博士层次的高端创新人才。

```
教育教学理念创新："互联网+"时代教育教学理念、"互联网+"时代学习理念
人才培养目标定位：面向现代农业产业链，夯实基础能力，强化创新创业能力
人才培养机制创新：分类培养机制、连续培养机制、协同培养机制
```

进入/退出机制建构 → 卓越农业人才培养 → 博士层次高端创新人才
人才培养模式改革 → → 硕士层次拔尖创新型人才
人才培养方案改革 → → 硕士层次复合应用型人才
人才培养过程改革 → → 本科层次拔尖创新型人才
质量评价体现改革 → → 本科层次复合应用型人才
　　　　　　　　　　　→ 职教领域实用技能型人才

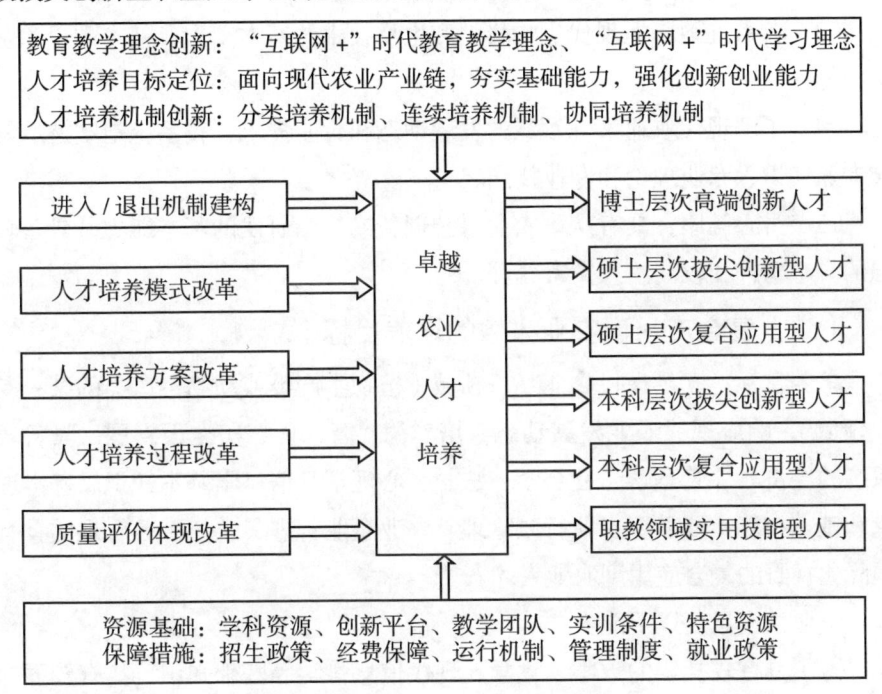

```
资源基础：学科资源、创新平台、教学团队、实训条件、特色资源
保障措施：招生政策、经费保障、运行机制、管理制度、就业政策
```

图4-1　农业人才培养的实践框架

二、农业人才培养目标定位

（一）拔尖创新型农业人才的培养目标

培养目标：立足现代农业某一领域（植物生产类或动物生产类的某一专业领域），响应现代农业科技创新发展需求和前沿动态，培养德、智、体、美全面发展，具备较系统的现代生物科学技术和现代农业科学技术基本知识、基本理论和基本技能，能从事农业科技创新和技术研发的具有国际化视野的拔尖创新型农业人才。

毕业生应具备以下能力：

（1）具有较扎实的数学、化学、现代信息科学等基础知识，具有较强的文字表述和口头表达能力。

（2）掌握一门或一门以上外语（英语或其他），具有较强的外语应用能力，达到较熟练地读、写、听、说该种语言的水平。

（3）较系统地掌握现代生物科学和生物技术的基本知识、基本理论和基本技能。

（4）了解现代农业某一领域的发展动态和行业需求，较系统地掌握本领域专业知识、专业理论和专业技能。

（5）身心健康，具有从事农业科技创新或技术研发的基本能力，具备较强的科学精神和较高的人文素养。

（二）复合应用型农业人才的培养目标

培养目标：立足现代农业某一领域（植物生产类或动物生产类的某一专业领域），响应现代农业发展动态，培养德、智、体、美全面发展，具备较系统的经济学、管理学、社会学、法学、心理学、信息学基本知识、基本理论和基本技能，能从事农业行政管理、农业企业管理、农村事务管理的具有国际化视野的复合应用型农业人才。

毕业生应具备以下能力：

（1）具有较扎实的数学、化学、现代信息科学等基础知识，具有较强的文字表述和口头表达能力。

（2）掌握一门或一门以上外语（英语或其他），具有较强的外语应用能力，达到较熟练地读、写、听、说该种语言的水平。

（3）较系统地掌握经济学、管理学、社会学、法学、心理学、信息学的基本知识、基本理论和基本技能。

（4）了解现代农业某一领域的发展动态和行业需求，较系统地掌握本领域专业知识、专业理论和专业技能。

（5）身心健康，具有从事农业行政管理、农业企业管理、农村事务管理的基本能力，具备较强的科学精神和较高的人文素养。

（三）实用技能型农业人才的培养目标

培养目标：立足现代农业某一产业领域（植物生产类或动物生产类的某一产业领域），响应现代农业发展动态，培养德、智、体、美全面发展，具备较系统的农业生产基本知识、基本理论和基本技能，能从事产业链中某种或某类技术性工作且具有过硬专业技能的实用技能型农业人才。

毕业生应具备以下能力：

（1）具有一定的数学、化学、现代信息科学等基础知识和较强的文字表述与口头表达能力。

（2）较系统地掌握农业生产必需的基本知识、基本理论和基本技能。

（3）了解现代农业某一领域的发展动态和行业需求，较系统地掌握本领域专业知识、专业理论和专业技能。

（4）具有现代农业全产业链中某种或某类技术性工作所需要的专业技能并达到熟练水平。

（5）身心健康，具有从事农业生产经营中某种或某类技术工作的实际能力，具备较强的科学精神和较高的人文素养。

三、农业人才培养导向策略

（一）拔尖创新型农业人才培育策略

（1）面向目标的拔尖创新型农业人才培养思路。拔尖创新型人才必须具有怀疑意识和批判精神，体现个人优势和团队互补，经历有效的训练过程和思维过程，参与团队创新和国际合作，定向训练科技创新和技术研发的实际能力。因此，拔尖创新型农业人才必须培养善于发现创新空间、捕捉创新点的创新意识，具有直觉、灵感、顿悟的创新思维，长期参与实践创新思维的资源和行动的创新实践，参与具有形成创新成果实力和团队的创新能力训练（如图4-2所示）。在这里，拔尖创新型人才的导师及导师的科研团队是十分重要的，导师应是承担国家级课题或科技创新项目的科研团队的负责人或主要骨干，必须具有独立支配的科研经费，实现对拔尖创新型农业人才培养的支撑实力。

```
怀疑意识+批判精神  →  创新意识  →    拔尖创新型人才的目标状态
个人优势+团队互补  →  创新思维  →    创新意识：善于发现创新空间，捕捉创新点
训练过程+思维过程  →  创新实践  →    创新思维：具有直觉、灵感、顿悟思维素质
团队创新+国际合作  →  创新能力  →    创新实践：具有实践创新思维的资源和行动
                                    创新能力：具有形成创新成果的实力和团队
```

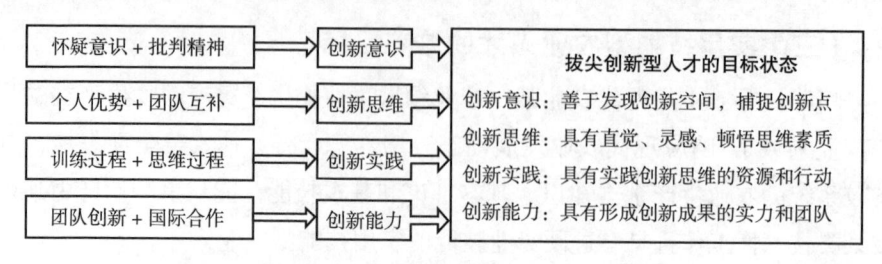

图 4-2　面向目标的拔尖创新型农业人才培养思路

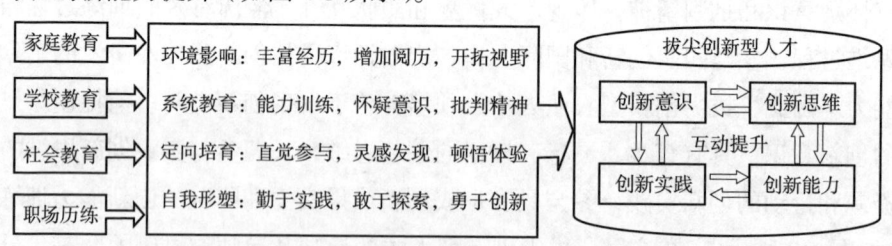

（2）基于心理素质形塑论的拔尖创新型农业人才定向培育。心理素质形塑论认为，个体的心理素质是可以定向形塑的，个体社会化是家庭教育、学校教育、社会教育、职场历练等外部因素与自我修养内因共同作用的结果，最终达到适应主流价值观的德商提升、融入社会的情商提升和面向综合职业能力的智商提升。拔尖创新型农业人才培养不是学习者的个人行为，也不是农林院校与学习者的单一互动行为，而是应该整合社会资源，共同推进拔尖创新型农业人才培养。按照心理素质形塑论的观点，拔尖创新型农业人才的培养过程中，在环境影响方面，要有多样化的丰富经历，要有意识地增加学习者的阅历，开阔视野，激活思维；在系统教育方面，加强科技创新能力训练，培养怀疑意识和批判精神，要敢想敢干；在定向培育方面，重点培养直觉参与意识，训练灵感发现思维和顿悟体验经历；在自我形塑方面，养成勤于实践、敢于探索、勇于创新的思维理念和行为习惯，人才培养全过程甚至需要拓展到职场历练期，应高度关注创新意识培养、创新思维训练、创新实践参与和创新能力提升（如图 4-3 所示）。

```
家庭教育  →   环境影响：丰富经历，增加阅历，开拓视野       拔尖创新型人才
学校教育  →   系统教育：能力训练，怀疑意识，批判精神    创新意识 ⇌ 创新思维
社会教育  →   定向培育：直觉参与，灵感发现，顿悟体验         互动提升
职场历练  →   自我形塑：勤于实践，敢于探索，勇于创新    创新实践 ⇌ 创新能力
```

图 4-3　基于心理素质形塑论的拔尖创新型农业人才定向培育

（二）复合应用型农业人才培育策略

（1）面向目标的复合应用型人才培养思路。复合应用型农业人才培养过程中，重点遴选具有社会型、企业型人格特质的培养对象，实现个体职业发

展优势区与个人职业发展兴趣意愿的统筹；采用校内导师＋企业导师双导师并行指导，本科阶段实行"管理学＋农学"或"农学＋管理学"双学士教育培养模式，硕士阶段按农学—管理学或管理学—农学跨学科错位对接，构建大农学、管理学、社会学、法学、心理学、信息学等广博型知识结构和能力体系，本科教育阶段后续应对接硕士层次的复合应用型人才培养，主动适应现代农业发展需要，培养一批懂生产、会经营、善管理、能发展的农业CEO后备力量（如图4-4所示）。

```
┌─────────────────────────────────┐      ┌─────────────────────────────┐
│基于人职匹配的分类培养：社会型、企业型人格│ ───▶ │     复合应用型农业人才      │
└─────────────────────────────────┘      │个体的职业发展优势区差异个人职│
┌─────────────────────────────────┐      │业发展兴趣意愿差异           │
│强化因材施教与双导师制：校内导师＋企业导师并行指导│ ───▶ │大农学、管理学、经济学、社会学│
└─────────────────────────────────┘      │等广博型的知识结构           │
┌─────────────────────────────────┐      │学习、管理、执行、沟通、领导、│
│基于多维教育资源的协同培养：学校、企业、社会资源│ ───▶ │决策等多维能力体系           │
└─────────────────────────────────┘      │懂生产、会经营、善管理、能发展│
┌─────────────────────────────────┐      │的农业CEO目标定位            │
│基于教育生态链理论的连续培养：后续对接专业型硕士│ ───▶ │                             │
└─────────────────────────────────┘      └─────────────────────────────┘
┌─────────────────────────────────┐
│面向广博型知识结构的双学士培养模式：跨学科培养│ ───▶
└─────────────────────────────────┘
```

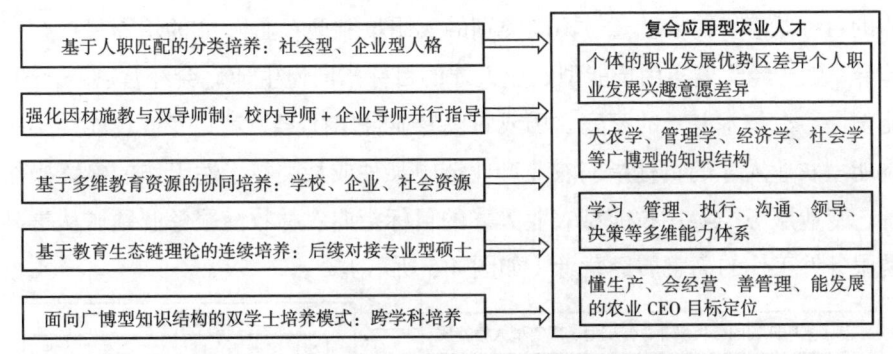

图4-4 面向目标的复合应用型农业人才培养思路

（2）基于心理素质形塑论的复合应用型人才定向培育。复合应用型农业人才培养，应该培养适应"互联网＋"现代农业时代的高素质农业行政管理人才、农业企业管理人才和农村事务管理人才，推进农业全产业链高速发展。复合应用型农业人才培育是一项系统工程，环境影响方面重视丰富经历、增加阅历、开阔视野，系统教育领域强化实践能力训练和基于团队精神的融入意识、同化精神培养，定向培育方面关注广博知识、多维能力、权变意识培养和训练，自我形塑方面重视德商魅力、情商掌控、灵商拓适，实现人职匹配与广博知识、多维能力、环境响应等方面的互动提升，培养高素质复合应用型农业人才。

（三）实用技能型农业人才培育策略

（1）面向目标的实用技能型农业人才培养思路。在我国现行考试制度下，本科高校培养实用技能型农业人才不太现实，大学专科层次的职业技术学院和中等职业学校、中等农业专业学校、农业职业高中和农业广播电视学校是培养实用技能型农业人才的主要教育机构。实用技能型农业人才是现代农业急需的高素质劳动者大军，可以粗略地分为生产经营型（如家庭农场主）、专业技能型（如农机操作手）、专业服务型（如农产品营销人员）。实用技能型农业人才培养重点遴选具有传统型、现实型人格特质的培养对象，培养过程中除完成学校教育的课程学习和实践教学环节以外，应高度重视基于师徒传承的师徒制建设，实现"师徒传承—跟踪指导—逐步超越"的有序发展，相对来说，实用技能型人才培养的知识传授部分坚持"必需、够用"原则，强化实训环节，重点培养学生的动手操作能力，达到各类实用技能型农业人才的目标状态。需要注意，不同类别的实用技能型农业人才的培养目标存在差异，生产经营类实用技能型农业人才的目标指向懂生产、会经营、善管理、能发展、有技术专长的家庭农场或农民专业合作社经营者；专业技能类实用技能型农业人才的目标指向农业产业链中某种或某类技术性工作的熟练操作者；专业服务类实用技能型农业人才的目标指向农林牧渔服务业领域从事某类服务性工作的高素质经营者（如图 4-5 所示）。

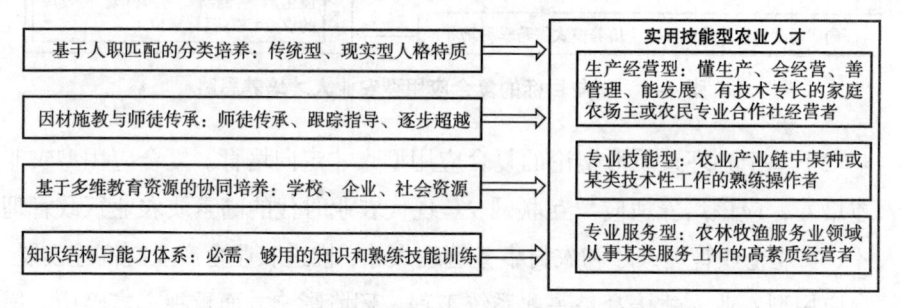

图 4-5 面向目标的实用技能型农业人才培养思路

（2）基于心理素质形塑论的实用技能型农业人才定向培育。在现实社会中，很多家长对子女期望值很高，都希望子女成龙成凤，殊不知社会需要大量的高素质劳动者，大多数人最终也只能成为平凡的社会主义建设者。从这方面来看，实用技能型农业人才培养更需要家庭配合和家长支持，正确定位学习者的职业生涯。明确了发展方向以后，学习者通过有效经历、关联阅历和领域视野开阔，形成环境影响方面的正向积累；通过学校教育阶段的必需、够用的有用知识学习，针对性地强化实践技能训练和敬业精神培养，朝着关联知识积累、商业意识训练、合作精神培养定向发展，并关注工匠精神、专注意识、关注细节的自我形塑，实现有用知识、实践能力、工匠精神、专业魅力的互动提升和定向发展（如图4-6所示）。

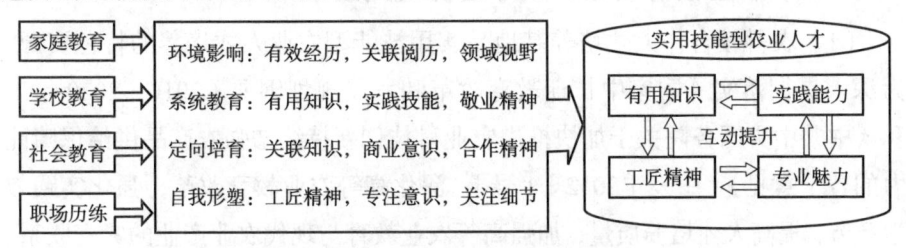

图4-6 基于心理素质形塑论的实用技能型农业人才定向培育

四、农业人才培养模式改革

（一）本科高校的人才培养模式改革

（1）分类培养。本科高校的农业人才分类培养，一般按拔尖创新型和复合应用型两类实施，拔尖创新型农业人才培养重点遴选具有研究型、艺术型人格特质的培养对象，复合应用型农业人才培养重点遴选具有社会型、企业型人格特质的培养对象。在面试综合考查的过程中，专家们要注意侧重方向，拔尖创新型农业人才重点考查是否具有一定的创新思维、创新意识、创新精神，复合应用型人才重点考查是否具有一定的创业意识、创业思路和意志毅力等个人品质。

（2）连续培养。拔尖创新型人才培养可实行"3+3+3"本—硕—博连续培养模式，本科层次的拔尖创新型农业人才培养对接学术型硕士层次的拔尖创新型农业人才培养，进而对接博士层次的高端创新人才培养。复合应用型农业人才培养可实行"3+3"本—硕连续培养模式，本科层次的复合应用型农业人才培养对接专业型硕士层次的复合应用型农业人才培养，为现代农业培养高素质管理人才。

（3）协同培养。拔尖创新型农业人才培养重点关注国内外高水平大学和农业科研机构的学科资源和实训条件，可采用联合培养、访学交流、分段培养（如集中安排3~6个月）等实施策略。复合应用型农业人才培养重点关注农业发展国家或地区的农业生产经营情况，可采用出国（境）学习考察、访学交流、分阶段顶岗实习等实施策略。

（二）职业教育领域的人才培养模式改革

（1）农科教合作人才培养基地是实用技能型农业人才培养的特色资源。为深入贯彻落实《国家中长期教育改革和发展规划纲要（2010—2020年）》和《中共中央国务院关于加快推进农业科技创新持续增强农产品供给保障能力的若干意见》（中发〔2012〕1号），深化高等农业教育改革，强化实践教学环节，提高人才培养质量，加强高等农业教育与现代农业产业的紧密联系，促进农科教、产学研结合，探讨高校与农林科研机构、企业、用人单位等联合培养人才的新途径、新模式，充分发挥现代农业产业技术体系综合试验站的功能，进一步提升高等农业教育服务现代农业和社会主义新农村建设的能力与水平，全国已建成一批农科教合作人才培养基地，这些农科教合作培养基地整合了高等农林院校、农业产业体系岗位专家、农业科研实验站和地方农业科研机构力量，形成了实用技能型农业人才培养的特色基地，为各地实用技能型农业人才培养提供了特色资源。

（2）专科层次的农业人才培养。各地的农业类职业技术学院或综合性职业技术学院的农科类专业，实行农业人才培养，目标指向应是复合应用型、实用技能型农业人才培养，具体培养办法如下一是分类培养实施办法。复合应用型农业人才培养重点遴选具有社会型、企业型人格特质的培养对象，并关注学习者是否有一定的创业意识和创业思路，是否具有较强的人际交流能力和人脉资源积累意识；实用技能型农业人才培养重点遴选具有现实型、传统型人格特质的培养对象，并关注学习者是否具有专注精神和良好的职业精神。二是连续培养的实施办法。职业技术学院的学生可以毕业后直接走上工作岗位参与职场历练，实用技能型农业人才培养对象可以在现实工作岗位得到更好的发展；也可以实行连续培养，主要针对复合应用型农业人才培养对象，通过"专升本"进入本科高校对接本科层次的复合应用型人才培养，再在本科高校对接专业型硕士层次的复合应用型人才培养。三是协同培养的实施办法。职业技术学院的协同培养具有很多成功经验，"订单式培养""2+1"培养模式改革等方面都有很多成功案例，关键在于协同培养过程中必须按照复合应用型农业人才和实用技能型农业人才的不同类别，坚持有所为有所不为，实现在分类培养基础上的定向发展。

（3）中职层次的农业人才培养。中职层次的农业人才培养，主要指各类中等职业技术学校、中等农业专业学校、农业广播电视学校及社会力量办学的各种新型职业农民培育。在这里，分类培养可以体现为生产经营型、专业技能型、专业服务型的分类模式，连续培养是基于师徒制的跟踪指导。

第二节 拔尖创新型农业人才培养

一、纵向延伸型课程体系改革

（一）课程体系概述

专业课程体系由通识教育课（包括必修课和公共选修课）、学科专业基础课、专业主干课、专业选修课及实践教学环节构成。通识教育平台课程是向学生传授与未来工作有关的、自然和社会领域的、带有基本规律的知识和技能的课程，是对学生进行通识教育和素质教育的基本途径，主要包括思想政治教育、人文素质、外语、计算机基础、体育和大学科门类必修的基础课程等必修课程，还包括培养学生科学精神和人文素养的公共选修课程。学科专业基础平台课程是按学科门类或一级学科、相近相关专业打造的专业基础知识课程模块，它与公共基础课一起为学生构筑学习专业知识必须掌握的、宽厚的基础知识和技能。专业主干平台课程是提供与学生未来社会生活和职业有密切关系的知识、技能的课程，或为加深某专业方向或专业特色的专业课程组。它分为专业理论课、专业技术课、专业实验课三大类。专业选修平台课程是体现专业内涵和特色的课程，进一步扩充和强化学生专业相关知识和技能。实践教学环节是培养学生专业技能与创造能力的实践环节。

（1）课程与课程体系。狭义的课程是指列入教学计划的各门学科及其在教学计划中的地位和开设顺序的总和。广义的课程则是指学校教育中对达到教育目的发生作用的一切文化、经验和活动。广义的课程突破了以课堂、教材和教师为中心的界限，使学校教育活动可以在更广阔的范围内选择教学内容。

从不同的视角去认识课程，可将课程分为多种类型。按课程侧重点放在认识的主体上还是客体上来构建课程，可将课程分为学科课程和经验课程，学科课程把重点放在认识客体方面，重点在于传播文化遗产和客观知识；经验课程重点关注认识主体，即学习者的经验和自发需要。从分科型或综合型的观点来看，可以分为学科并列课程和核心课程，学科并列课程注重知识传播的系统性，以某一学科为中心根据需要设置的关联课程网；核心课程则以解决专业应用领域的实际问题为需求导向构建本专业领域的综合知识经验，辅之以边缘学科知识。从层次构成来看，可将课程分为通识教育课程、学科专业基础课程和专业主干课程。从选课形式上来看，可将课程分为必修课程、专业选修课程和公共选修课程网。根据课程课时数的多少将课程划分为大、中、小、微型课程。根据课程内容主要传授科学知识还是操作技能，可分为理论型课程和实践型课程。根据课程有无明确的计划和目的，可将课程划分为显性课程和隐性课程，后者是指利用相关学校组织、校园文化、社会过程和师生相互作用等方面给学生以价值上、规范上的陶冶和潜移默化的影响。

一个专业所设置的课程组合，构成了课程体系。实现专业培养目标，不是仅仅靠一门或几门课程所能奏效的，而是靠开设的所有课程间的协调和相互补充，因此，课程体系改革是人才培养改革的核心和关键。

（2）通识教育课程、学科专业基础课程、专业课程及跨专业课程。通识教育课程包括政治课、外语课、体育课、军训等，是任何专业的学生都需要学习的，虽然与专业没有直接关系，却是今后进一步学习的基础，也是全面培养人才所必需的课程。专业教育方面又分为学科专业基础课程和专业主干课程。学科专业基础课程是学习某一学科或某一专业的基础理论、基本知识和基本技能训练方面的课程，专业主干课程则带有较明显的职业倾向，是针对某一应用领域的专业知识、专业理论、专业技能培养。学科课程则建立在其他课程学习基础之上，以促进学生在高度专业化基础上的高度综合，使学生能够跨学科融会贯通。

（3）必修课程与选修课程。必修课程把本专业必须掌握的基本知识、基本理论、基本技能教给学生，是保证所培养人才的基本规格和质量的必需环节；选修课程比较迅速地把科学技术的新成就、新课题反映到教学中来，有利于扩大知识领域，活跃学术氛围。也可以把不同专业方向及侧重的课题内容提供给不同需要的学生作选修课程,以增加教学计划的灵活性,促进学生个性化发展。

（4）理论型课程与实践型课程。理论型课程是指以理论知识传授为主的课程,实践型课程则是以技能训练为主的操作性课程。各校课程设置中要克服两种倾向:一是轻视理论、轻视书本知识,过分地强调实践能力培养和动手操作;二是轻视基本技能和专业技能的训练,片面强调知识传播和理论基础。

（5）大、中、小、微型课程（课时结构）。在知识爆炸的当今世界,如何在海量知识中提取学习者必须掌握的知识、理论与技能,已成为教育界的重大难题,面对学生的学习时间有限的现实,课程小型化改革已成为一种重要策略,即在不增加总课时的前提下,压缩教学内容,削减教学时数,可相应地增加课程的门数。同时,教师应积极开发18课时（1学分）以下的微型课,及时将学科发展前沿的信息,也可以将教师自己的科研成果及时转变为教学内容。

（6）显性课程与隐性课程。教育界有关课程的研究主要专注于显性课程,对隐性课程的研究很少。事实上,学校的组织方式、校园文化、第二课堂活动、社会实践、假期活动、组织管理与人际关系等对学生的态度与价值观的形成,具有强有力的、持续的影响。隐性课程贯穿于学校教育的整个过程,学生从学校的组织和制度中习得规范和生活态度,学校在无形中也完成了社会化训练、阶层结构维持等社会化职能。学校有固定的社会结构和错综复杂的人际关系,有其他社会机构所没有的典礼、仪式、校规和象征（校徽、校歌等）,这一切都构成了学校教育所特有的校园文化,构建了学校教育的隐性课程体系,实现了对学生的环境感染与熏陶的定向性、有序性和高效性（如图4-7所示）。

图 4-7　基于文化层次论的校园文化建设策略

（二）拔尖创新型农业人才的课程体系改革

拔尖创新型农业人才培养应聚焦夯实科技创新功底，实现知识结构和能力体系的纵向延伸，必须加强课程体系改革和实践教学体系改革，构建以科技创新能力培养为主线的精深型课程体系。课程体系必须针对培养对象的知识结构和能力体系需求，根据专业领域特点和发展趋势，综合考虑学科发展动态、生产一线需求、专业人才培养目标和毕业生能力要求等方面的因素，通过集体讨论、专家论证等环节，最后形成可实施的专业人才培养方案。不同专业的课程体系差异是很大的，植物生产类专业与动物生产类专业的课程体系则明显是两个不同的方向。

以作物学专业人才培养为例。在制订专业人才培养方案时，必须构建"作物学＋生物学＋现代信息技术"精深型课程体系，针对作物栽培与耕作学、作物遗传育种、种子科学与工程3个二级学科，分别增开生物信息学、组学（包括基因组学、蛋白组学、代谢组学、表型组学等）、现代生物技术、作物信息学（数字农业、精准农业、智慧农业）等课程，实现按作物学二级学科科研能力训练为主线的专业知识、专业理论和专业技能的纵向延伸，构建精深型知识结构和能力体系（如图4-8所示）。

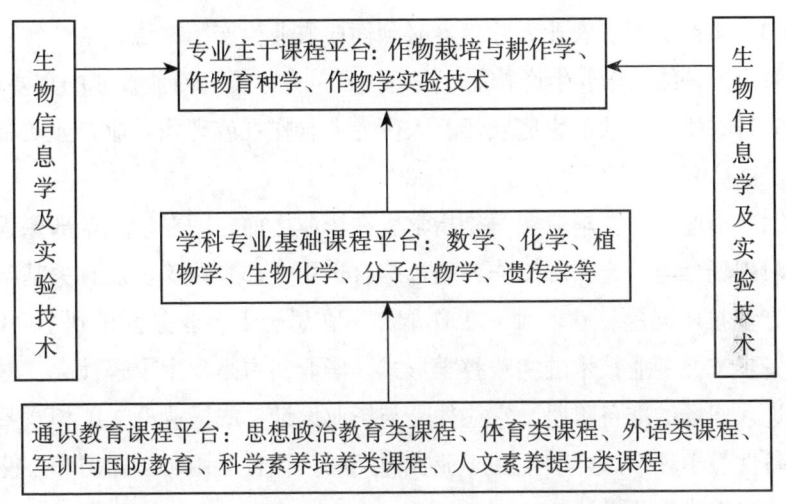

```
┌─────┐  ┌──────────────────────────────┐  ┌─────┐
│生物 │  │专业主干课程平台：作物栽培与耕作学、│  │生物 │
│信息 │←─│作物育种学、作物学实验技术      │─→│信息 │
│学及 │  └──────────────────────────────┘  │学及 │
│实验 │              ↑                     │实验 │
│技术 │  ┌──────────────────────────────┐  │技术 │
│     │  │学科专业基础课程平台：数学、化学、植│  │     │
│     │  │物学、生物化学、分子生物学、遗传学等│  │     │
│     │  └──────────────────────────────┘  │     │
│     │              ↑                     │     │
│     │  ┌──────────────────────────────┐  │     │
│     │  │通识教育课程平台：思想政治教育类课程、│  │     │
│     │  │体育类课程、外语类课程、军训与国防教育、│  │     │
│     │  │科学素养培养类课程、人文素养提升类课程│  │     │
└─────┘  └──────────────────────────────┘  └─────┘
```

图4-8 农学专业拔尖创新型人才培养课程体系

二、实践教学体系改革

（一）贯穿全学程的实践教学体系建设

我们采用四年不断线的实践教学体系：第一学年安排作物生产实践，第二学年安排专业实践，形成了"作物生产实践—实验课—综合大实验—课程教学实习—专业实践—生产实习—毕业实习"四年不断线的实践教学体系，强化学生对作物生产过程的认知和专业技能训练。

（1）实验教学。实验教学包括独立开设的实验课和与理论授课并行开设的实验技术训练，这是强化学习者对理论知识的理解，培养学生实践能力、科研技能和创新创业能力的重要环节。实践出真知、理论联系实际是任何学习者都必须遵循的普遍真理，实验教学是学校教育体系中必不可少的重要环节。高等学校的实验教学一般按照2学时或4学时进行设计，在专业人才培养方案中进行了统一设计和科学安排。

（2）教学实习。教学实习是针对某学科必须掌握的基本技能、专业技能、实践能力训练、综合技能训练等方面的需求，将相关教学内容和训练环节统筹起来，统一安排一段时间来进行综合训练，时间安排为0.5周、1周或2周，一般在校内进行。

（3）生产实习。农业人才培养必须面向农业生产第一线，生产实习是学生了解生产一线、培养生产技能、发现生产问题、提升专业技能的重要环节，一般安排在生产一线的家庭农场、农民专业合作社或现代农业企业实施，时间为1~3个月。

（4）毕业实习。毕业实习是指学生在毕业之前，即在学完全部课程之后到实习现场参与一定实际工作，通过综合运用全部专业知识及有关基础知识解决专业技术问题，获取独立工作能力，在思想上、业务上得到全面锻炼，并进一步掌握专业技术的实践教学形式。毕业实习是学生了解社会、融入社会、进入职场的准备阶段，它往往是与毕业设计（或毕业论文）相联系的一个准备性教学环节，即学生在毕业实习期间，综合运用所学知识和技能，完成毕业论文或毕业设计。

（二）湖南农业大学的"六边"综合实习改革

湖南农业大学从1998年开始实施"六边"综合实习改革，历经20年的发展和完善，构建了植物生产类专业的特色化实习模式。六边是指边生产、边科研、边推广、边上课、边调研、边学习做群众工作，整合了原有的专业主干课教学实习、生产实习和部分实验实习的内容，于本科阶段的第六学期即每年3~8月实施，保证植物生产类本科学生具有主要农作物一个生产季节的全程实习（如图4-9所示）。其具体做法如下：①边生产。全程参加各类农事操作和田间管理，学习农机操作技术，掌握水稻、棉花、玉米、油菜等主要作物的高产栽培技术和杂交水稻、杂交玉米制种技术，熟悉水稻机耕、机插、机收技术和油菜机收技术，了解春、夏季主要蔬菜生产技术。②边科研。组织学生自主设计试验方案，组织实施田间试验，开展田间观察记载、测产与室内考种，独立分析试验结果，撰写试验总结，在此期间，专业教学团队组织作物学实验技能竞赛、作物学实践技能竞赛和作物学科研技能竞赛，全面提升学生的科技创新能力。③边推广。组织学生对附近的种植大户、家庭农场开展农业技术推广服务。④边上课。利用雨天和农闲时间，完成教学计划规定的课程学习，解决教学时间安排冲突问题，同时推行田间授课，开展讨论式教学和辩论式教学改革。⑤边调研。组织在实习基地附近的村组开展社会调查，使学生更好地了解农业、农村和农民，接触社会、融入社会，并要求独立撰写调研报告。⑥边学习做群众工作。组织学生在实习基地附近面向农民群众宣传党的惠农政策，辅助农村基层干部开展农村事务管理工作，积累一定的农村基层群众工作经验。

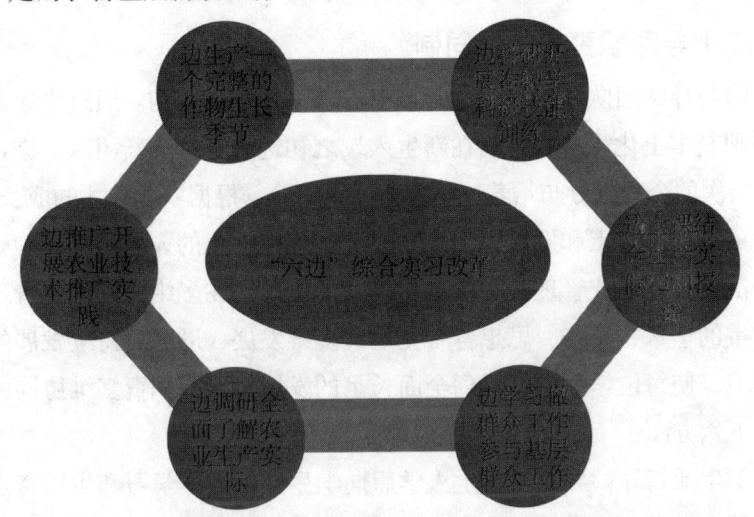

图4-9 湖南农业大学的"六边"综合实习改革

三、全程导师制改革

导师制起源于14世纪的牛津大学，现以牛津大学、剑桥大学的导师制最为著名。导师制塑造了一种新型的师生关系和全新的教与学的关系，有利于学生自我管理能力的提高，有利于培养学生的创新能力和促进学生的全面发展。拔尖创新型农业人才培养实行全程导师制改革，可以按两个阶段实施，本科教育阶段实行全程导师制，研究生培养阶段实行"责任导师＋团队指导"制度，对实行"3+X"连续培养的学习者，其中本科教育阶段的导师与研究生培养阶段的责任导师应为同一名导师，充分体现全程导师制的有效指导和定向培育。

（一）责任导师全程贯通制

强调对学生进行多层次、全方位的指导，全学程固定导师与学生的关系。

入学后，举行导师见面会，第一学期结束后，一名校内导师和一名创新团队或校外企业导师将由双向选择制确定，建立师生双向互动制度，导师在专业领域的指导是全程贯通式的，指导时间跨越整个学程，不仅包括课程选择、社会实践、参与导师的科研和毕业论文指导，还包括对学生的思想、心理等方面进行指导，目标在于提升学生的综合素质，促进学生全面发展。

（二）导师职责多维协同制

导师与导师团队共同构建了多维培养体系的立体结构。通过借鉴及适应全程导师制本土化需求，可以在新生入校之初进入导师创新团队，进行全方位、多层次的全程指导与培养，实施个性化培养。根据农业人才的成长规律，培养对象的个性特点和发展潜力，制订和实施个性化的人才培养计划。学生的教育由过去粗放式管理变为循循善诱式的引导。在多维协同创新管理体制下，学生的学术、科研、思想各有立足、多维发展，形成可持续发展的人才培养环境，使每位学生能够得到全面长足的发展。导师职责多维协同主要体现在以下六方面：

（1）生活指导。导师在新生入学后向学生介绍大学学习和生活特点，加速新生的入学适应；全学程关注学生的心理动态和生活状态，及时了解学生的实际困难并给予指导。

（2）学习指导。第一学期指导学生制订全学程学业规划和分阶段的学习计划；全学程关注学生修业情况，指导学生提高学习能力；组织和指导学生开展社会实践活动，提高学生的综合素质。

（3）心理疏导。导师应全学程关注学生心理动态，帮助学生消除心理困惑，指导学生形成积极人格网。

（4）科技创新指导。本科生导师应合理组织不同年级的学生开展科技创新实践，导师应组织学生积极申报各级各类大学生研究性学习和创新性实验计划项目，安排学生提早进入实验室或跟随导师科研项目参加科研实践，激发学生的创新意识，培养学生的创新思维、创新意识和创新能力。

（5）学位论文指导。导师一般也是学生的学位论文指导教师，是学位论文质量的重要责任者。为了提高学位论文质量，导师应提早给学生安排选题，尽量将学生在低年级阶段参与的科技创新活动与学位论文结合起来，原则上本科生应有两年以上时间开展学位论文研究。

（6）就业创业指导。全学程注意引导学生形成正确的就业观。学生进入高年级阶段后，关注学生的就业动态并积极提供就业信息。对有志创业的学生，导师应及时给予指导网。

（三）朋辈互助的学生团队

朋辈互助实质上是一种新型的同伴教育或团体辅导，与以教师为核心的团体辅导相比，朋辈互助具有交往较为频繁、空间距离接近、思维模式接近等特征，而且兼具互助与自助的双重功能网。团体辅导主要通过每学期定期多次的全体学生会议实施，在会议中，学生分别展示近期研究成果，相互探讨和交流问题不足之处加以改之。导师设立自己指导学生的QQ群或微信群，便于与学生的密切交流联系，在群中既可开展团体辅导也可进行个别辅导。在教学过程中，广泛开展讨论式教学与辩论式教学，有利于激发学生的主动学习的兴趣，通过讨论、辩论的方式，学生要考虑到每句话的逻辑性，完善思维的缜密性，在撰写论文时也会有更加深刻的认识与更高的质量。通过这样的教学方式，也培养了学生的团队协作精神，在准备辩论时，小组团队要进行充足的准备，大家要通力合作才能有很好的成果。

（四）"责任导师＋导师团队"精英式指导

导师团队的每位导师研究方向不同、研究背景不一、性格各有特点，使得学生能够吸收多位导师在科研、协作、做事等方面的优点，有助于人格的完善和创新思维、创新能力培养网。责任导师是学习者成长成才的第一责任人，导师团队成员则从不同角度、不同学科、不同途径指导学生，实现对学生的精英式培养。

四、教学方法与手段改革

（一）混合式教学改革

混合式教学是将在线教学和传统教学的优势结合起来的一种"线上"＋"线下"的教学模式改革。通过两种教学组织形式的有机结合，可以把学习者的学习由浅到深地引向深度学习。

（1）线上有资源：资源的建设规格要能够实现对知识的讲解。线上资源建设就是指网络课程资源建设，对非信息技术相关学科的教师来说是存在较大困难的，但是这种困难并非不可克服，关键在于对网络课程资源建设的投入和敬业精神。建设一门网络课程需要教师投入大量的时间、精力和心血，也需要一定的经费成本。线上资源是开展混合式教学的前提，必须通过线上学习完成基本知识传授，并为学生提供足够的课后学习资源（习题、图片、动画和其他视频素材），要求具有较高的观赏性和较强的视觉冲击，以较好地吸引学生的注意力，提高知识传授效果。以湖南农业大学建设的国家精品资源共享课《作物栽培学》为例。2007年开始纳入国家精品课程建设项目，2013年开始建设网络课程资源，通过组织本课程教学团队的全体教师，组织教学设计、研究教学方案、拍摄教学视频、设计制作训练素材，才初步达到目标。网络课程资源建设是一个持续改进和不断提升的过程。

（2）线下有活动：活动要能够检验、巩固、转化线上知识的学习。通过在线学习让学生掌握基本知识，经过教师的查漏补缺、重点突破等备课工作之后，再组织学生线下辅导答疑等课堂教学活动，把在线上所学到的基础知识进行巩固与灵活应用。

（3）过程有评估：线上和线下的过程与结果都需要开展评估。无论是线上学习还是线下讨论，都要进行过程监测和评估反馈，让教学活动更具针对性，让学生学得明明白白，也让教师教得明明白白。

（二）研究性学习与探索性学习

在研究性学习方面，湖南农业大学鼓励学生申报国家级大学生创新创业计划项目、湖南省大学生研究性学习与创新性实验计划项目、湖南农业大学创新性实验计划项目和南方粮油作物协同创新中心增设大学生研究性学习项目，实现研究性学习项目全覆盖，通过强化任务驱动式学习。在专业课教学过程中，我们鼓励教师引导学生开展探索性学习，先由任课教师或导师提出科学问题，让学生广泛查阅文献，根据科学问题提出科学假设，再由学生自主设计试验或开展调查研究以检验假设是否正确，最后根据检验情况提出解决方案或实施策略。为了提高学生的自主学习能力，提升自主学习效果，我们探索了朋辈互助的学习团队制度，即按导师或导师团队的学生群体组建团队，团队成员包括不同年级的研究生和本科生，多层级的学习者群体构建一个有机的学习团队，形成多途径的朋辈互助学习机制：一是实行学术交流例会制，每周固定某个时间召开学术交流会议，形成导师全程参与指导的学术交流例会制，团队成员分享自主学习成果，构建开放性的学习交流平台；二是层级化协助指导制，一个学习团队内部的博士研究生、硕士研究生和不同年级的本科生，可以形成高层次对低层次或高年级对低年级的层级化指导或辅导；三是朋辈互助常态化，无论是学习活动、科技创新活动还是生活交流或心理互助，都可以依托学习团队的朋辈互助机制，实现成长过程的朋辈互助常态化、朋辈交流经常化、朋辈合作无缝化。

（三）讨论式教学与辩论式教学

以网络课程资源为基础，依托现代教育技术开展混合式教学改革，实现专业主干课讨论式教学或辩论式教学改革全覆盖，全面提升学生的自主学习能力和思辨能力。实际操作中，讨论式教学一般提前3周布置主题，让学生查阅文献做好充分的知识准备，实施时按每组6~10人开展讨论。辩论式教学也是提前3周布置主题，学生查阅文献做好知识准备，实施时按每组3~5人组队辩论。

第三节 复合应用型农业人才培养

一、横向拓展型课程体系改革

（一）课程教学的一般原则

教学原则是人类在长期的教学活动中所积累的丰富的教学实践经验的总结，并在教育教学实践中不断改进、丰富和完善。

（1）科学性与思想性相统一的原则。要在教学中实现科学性与思想性的统一，要求教师在传授科学知识和方法的同时，传播科学的思想和价值观念。教师应做到以下几点：①不断钻研业务，努力提高自己的学术水平。②努力提高自己的思想水平。③充分认识到自己的一言一行对学生的潜移默化作用。

（2）传授知识与培养能力相统一的原则。能力是在知识融会贯通的基础上形成的，知识是激活思维和开发心智的条件与载体。知识积累的最终目的是形成解决生产实践中的实际问题的能力。要做到知识积累与促进能力发展两方面的相互促进，教师应注意以下几方面：①充分调动学习者的认识能力，使学生的注意力、观察力、想象力等都处于积极的状态。②充分挖掘知识的智力因素，以培养学生的创造性思维。③经常组织学生在自学的基础上展开讨论，促进学生独立获取知识能力发展。④改革考核考试方法，重点考查学生独立分析问题和解决问题的能力。

（3）坚持教师主导作用与学生主动性相结合的原则。教师的主导作用是使教学过程有序化的保证，学生主动探索是学习取得成功的基本条件，两者缺一不可。①充分了解学生的学习情况，积极引导学生改进学习方法，提高学习效果。②善于提出问题，启发学生积极思考。③激励学生学习的自觉性和积极性，激发他们的事业心和进取心。

（4）面向全体与因材施教相结合的原则。因材施教要求教师能够按照学生的心理特点和实际的发展水平，对不同的学生采取不同的方法和要求进行教学；向全体则是要求充分考虑大多数学生的实际水平，在教学实践中坚持按照教学大纲的要求进行教学。这一原则要求教师在教学中要做到以下几方面：①在课程体系中要提供更多的选修课程，让学生选择，发挥各自的专长；在学科和专业方向等方面给学生提供充分施展才能的机会。②坚持按照教学大纲的要求和大多数学生的实际水平进行教学。③了解不同学生的特点，通过各种途径有针对性地帮助学生找到恰当的学习方法，促进学生形成个性化能力体系。④利用选修课程，开阔学生视野，提供个性化发展途径。⑤帮助学习上暂时有困难的学生，注意加强有针对性的个别辅导。

（5）理论与实践相结合的原则。这一原则要求教师引导学生充分认识实践是获得真理的重要来源，是检验真理的唯一标准，促使他们善于在理论与实践的联系中理解和掌握知识，积极地利用所获得的知识去解决实际问题。理论与实践相结合的原则要求教师做到以下几点：①充分认识实践性教学环节在人才培养中的重要地位，根据不同学科的特点，通过学习、实验、实习等教学环节适当安排学生参加必要的实践活动。②注意把各种实践性的教学活动与理论教学紧密地结合起来，使实践性教学环节成为运用和检验理论学习，加深理论知识理解的重要途径和有效方法，不断提升人才培养质量。

（二）复合应用型人才培养的课程体系改革

复合应用型农业人才必须具有广博的知识结构：①本科阶段的双学士教育培养模式。湖南农业大学面向农村区域发展专业的春耕现代农业实验班，毕业时可授予管理学学士学位，为了横向拓展复合应用型人才的知识结构和职业能力，开展农学辅修学位教育培养，实施"管理学+农学"双学士教育培养模式改革；安排学生到国家级科研机构访学拓宽视野，构建广博型知识结构。硕士阶段的跨学科教育培养模式。对于硕士层次的高素质复合应用型人才培养，遴选培养对象时按照"管理学—农学""农学—管理学""农学—工学"跨学科对接专业硕士培养，实现本科阶段与硕士研究生阶段的跨学科错位对接培养，强化知识结构和能力体系的横向拓展。

二、实践教学体系改革

复合应用型农业人才培养的实践教学体系改革，必须构建覆盖全学程的实践活动。

（一）农业农村认知实践

（1）教学目标：复合应用型农业人才必须主动适应现代农业发展需求，全面了解农村、农业、农民，通过专业认知实践，深入农村、接触农民、了解农业，形成较全面的感性认识，进而上升到理性认识，拓展知识面，奠定专业基础。

（2）实施途径：专业认知实践的实施，可组织针对性的教学实习，更重要的是学生必须高度重视平时积累，注意观察、分析、思考、判断。为此，平时必须多深入农村，可依托暑期社会调查、"三下乡"活动、教学实习、综合实习等环节，广泛走访、用心观察、认真分析，逐步提升对农业、农村、农民的深入认知和理性认知。

（3）主要内容：农业生物认知（农业植物、农业动物、农业微生物）、农业生产设备设施认知（水利设施、高标准农田建设、农业机械等）、农业经营环境认知（自然环境、经济环境、社会环境、技术环境）、农业文化认知（农业品牌文化资源、农业物质文化遗产、农业非物质文化遗产）等。

（二）农业技术操作实践

（1）教学目标：培养懂生产、会经营、善管理、能发展的复合应用型农业人才，必须熟悉农业生产过程和环节，必须参加一定的农业生产实践活动，掌握主要农作物种植技术、畜禽养殖技术、水产养殖技术和农副产品加工技术，夯实专业基础。

（2）实施途径：农业技术操作实践的实施，主要通过专业综合实践、"六边"综合实习来完成水稻、油菜、玉米、蔬菜等种植技术操作实践，通过参观现代化养殖场和农产品加工企业了解养殖业和加工企业的生产流程和环节，形成对农业生产过程的全面了解。

（3）主要内容：现代种植技术实践、现代养殖技术实践、农产品加工技术实践、农业环境治理技术实践。

（三）农业经营管理实践

（1）教学目标：复合应用型农业人才培养必须高度重视农业经营管理实践，通过多途径的农业经营管理实践积累，了解各类农业经营主体的经营理念、决策过程、管理模式和管理策略，从而达到"会经营、善管理、能发展"的目标。

（2）实施途径：农业经营管理实践是一个复杂的系统工程，个人经历、观察、分析、思考、判断是提升管理能力的基本途径，因此必须重视知识获取、信息收集、理念提升、感受和体验等过程积累。本专业所安排的各类参观考察、教学实习、"六边"综合实习及现代农业企业综合实习等实践教学环节，都是定向培养农业经营管理能力的重要途径。

（3）主要内容：农业经营主体（家庭农场、农民专业合作社、现代农业企业）、农业经营决策、农业资源管理、农业生产管理、产品营销管理、农业企业综合管理。

（四）农村基层工作实践

（1）教学目标：复合应用型农业人才的职业发展方向可是从事农业行政管理、农业企业管理或农业科技服务等，不管从事哪一方面的工作，都必须了解农村基层的实际情况，学习农村基层工作基本方法，掌握农民和农业生产单位的实际需求，脚踏实地服务"三农"。

（2）实施途径：农村基层工作实践主要依靠分阶段顶岗实习来实施，即在大学四年级期间，深入乡镇、村组和农户进行分阶段的顶岗实习，有效积累农村基层工作经验。当然，在此之前利用寒暑假或节假日时间开展有关"三农"的社会实践活动，也是积累农村基层工作经验的重要途径。

（3）主要内容：农业基层工作常识（组织机构、工作对象、方法论基础）、农村基层行政事务工作、农村土地管理、农村人口管理、农村社会保障事务、大学生村官实践。

（五）农村社会调查实践

（1）教学目标：调查研究方法是重要的科学研究方法，同时也是重要的农村基层工作实践方法。没有调查就没有发言权，没有调查就不可能准确把握农村基层实际情况，没有调查就不可能发现问题、解决问题。因此，农村社会调查实践是复合应用型农业人才培养的最重要的实践环节。

（2）实施途径：农村社会调查具有广泛的内涵和多样化的实施途径，可依托课程教学实习、寒暑假社会调查、自发组织的社会实践活动来实施，也可以在"六边"综合实习、农业企业综合实习期间进行。

（3）主要内容：农业生产情况调查（包括农作物产量调查、作物生产成本/效益调查、畜禽养殖成本/效益调查、水产养殖成本/效益调查、林业生产成本/效益调查等）、农民生活状况调研（包括农村家庭收入调研、农村家庭支出调研、农村社会保障体系调研等）、特殊人群调研（包括留守儿童、空巢老人、失依儿童、"五保"户调研等）。

三、双导师制改革

复合应用型农业人才培养实行双导师制，目的是强化学生与社会和生产一线的联系，为学生了解社会、接触社会、融入社会和融入行业产业提供条件。双导师制的校内导师同样实行全程导师制，校外导师则根据不同学习阶段由校内导师联系相关领域的行业专家、企业家、农业企业的相关管理人员或技术人员担任。实践证明，双导师制的校内导师可以实行全程一贯制，但校外导师必须灵活安排，可以由校内导师联系或专业教学团队统一安排。湖南农业大学的实践模式如下：本科阶段的校内导师四年一贯制，本科—硕士连续培养的同样实行校内导师全程一贯制，以保证培养过程的连续性和高效性。校外导师则由校内导师联系或专业教学团队统一安排，充分发挥校外导师的个人优势开展多样化指导，本科阶段第一学年聘请行业专家开展专题讲座，使学生了解行业发展动态，第二学年聘请知名农业企业家开展专题讲座，激发学生的创新创业意识和创新创业思维，第三、四学年聘请相对固定的企业导师指导，第四学年在企业导师指导下开展分阶段顶岗实习，对实行本科—硕士连续培养的学习者，硕士研究生培养阶段按岗位性质安排高水平企业导师进行指导（如图 4-10 所示）。

图 4-10　复合应用型人才培养的双导师制

（一）构建高水平的导师团队

在师资配备上，保证专业教师团队的生师比 10∶1，构建 4∶1 的校内导师队伍，导师每个年级指导的学生人数规定上限不超过 3 人。双导师制的校内导师是核心，承担学生全学程的新生入学适应、生活指导、心理疏导、学业指导、论文指导、就业创业指导等职能，同时还要负责校外企业导师的联系、沟通与协调。

（二）全面落实因材施教

因材施教是根据学生的实际学习情况、个性特征和现实需求去引导学生，将学生视为独特个体，不同学生采取不同教学方法进行教导。人类教育从师徒制发展到班级授课制，有效地提高了教育效率，但同时也弱化了因材施教。导师制是在班级授课制背景下的师徒制补充机制，在共性课程和共性教学环节实行班级授课提高教育效率的前提下，导师针对学生不同的个性特点、学习进程、成长困惑等，为全面培养农业人才提供全面指导。

（三）导师职责明确化

第一，生活指导。从高中紧迫的学习氛围过渡到大学较为自由的学习氛围中，学生难免产生一系列不适应，导师在新生入学时应给予及时的疏解开导，帮助学生适应新的环境。第二，学习指导。指导学生制订全学程学业规划和分阶段的学习计划；导师向学生详细介绍专业课程体系，让学生对本专业有充分的认识和理解，同时介绍专业发展态势、就业方向，引导学生关注本学科前沿发展状况、开阔学生视野，便于学生能够根据自己的就业愿景和兴趣爱好在学习过程中有所侧重。全学程关注学生学业情况，指导学生提高学习能力；组织、指导学生开展社会实践活动，促进自主学习能力培养。第三，心理疏导。全学程关注学生的心理健康动态，及时帮助学生缓解心理压力，指导学生形成健康积极向上的人格和三观。第四，创新创业指导。导师组织学生开展科技创新实践，积极申报各个创新性实验计划项目，安排学生提早进入实验室或跟随导师科研项目参加科研实践，激发学生的科研热情。

四、人才培养过程改革

（一）小班化教学改革

关于小班化，教育界还没有一个确切的概念，从教学组织的形式看，是指一个教学班学生数量较少。这里体现了教育效率与教育效果之间的博弈：大班化具有更高的效率，但效果肯定要差些。农业人才培养实行小班化教学，教学班授课人数控制在 15~30 人，增加学生与教师的互动频度。

从小班化教学的内涵看，其最本质的特征是教育教学活动面向数量较少的学生个体，可以更有效地照顾到教学班的每个学生，贯彻因材施教原则。小班化教学是在学生数量控制在 30 人以下的教学班中面向学生个体，围绕学生发展而开展的教学活动。小班化教学活动会发生如下变化：一是教学活动在时间、空间上会得到重组，教师对个体情况可以得到有效响应。二是教学活动双方（教师与学生）的活动密度、强度、效度及师生间互动关系等会得到增强和增加。三是教学的内容、方式、技术、评价会发生全新变化，并促进或推动教育理念的进步。

（二）国际化教学改革

复合应用型农业人才必须通过国际化教学改革来开阔学生的国际化视野。一是通过与国外知名高校交流培养、聘请海外专家授课和担任研究生导师团队成员，让学习者有更多的机会与国外专家交流学习。二是选派学生到"一带一路"相关国家或农业发达国家进行农业考察、暑期实习、交流学习等，拓宽学生国际化视野，提高学生国际交流能力，强化国际化培养。

（三）教学手段改革

混合式教学改革、讨论式教学与辩论式教学，都是激活学生思维，提高人才培养质量的重要手段。学生的学习时间总量有限，不管怎么改革，基本知识还是需要传授的，现代教育技术发展为知识传授提供了全新手段，微课、私播课、慕课等的呈现效果和运行规范不断改进，技术层面也不断成熟，使依托网络课程传授知识达到了课堂教学无法比拟的状态：5~15分钟的知识点介绍，时间设计考虑了人类的注意力集中时限，人机交互虚拟教师与学生直接交流，素材库为学生自学提供了广阔空间，实时字幕克服了教师的表达缺陷（比如笔者普通话水平极低，字幕帮了大忙）。目前，国家高度重视推进现代农业建设，大家都在谈论物联网、大数据、云计算、遥感监测、数字农业、精准农业、智慧农业等新名词，但真正理解的人不多，为此，笔者近期开发了《"互联网+"现代农业》在线开放课程，为复合应用型人才培养做出了一点具体贡献。

第四节 实用技能型农业人才培养

一、层级进阶型课程体系改革思路

学习进阶理论提出了教育界改革的一个全新方向，但一方面对知识的界定难以定量化，导致层级化学习目标局限于概念层面；另一方面，对学习者在知识、技术、能力等方面的学习或训练效果也很难定量化界定，60分及格是教育界的一个传统概念，但考试成绩为60分是否就意味着学生掌握了

60%，笔者认为值得商榷。掌握60%就是教育教学活动的目标？

当然，在没有更好的度量方法的前提下，还是要有方法度量教学效果的，虽然教育界早就发现了"高分低能"问题，但考试仍不失为一种可行的通用性度量办法。

笔者早年在中等专业学校任教，受到体育教练训练运动员的启发，尝试过技能训练过关制改革，即本专业学生必须掌握的主要专业技能，必须过关并达到一定的熟练程度，低层级的技能训练过关以后才准许进入高层级技能训练环节，这可以理解为技能训练方面的"层级进阶"。例如，兽医专业的学生，必须经历动物解剖、病原物镜检、动物保定、动物给药、疾病诊断、手术治疗、药物治疗等训练过程，试想一下，解剖技术不过关怎么做手术？没做过小手术怎么做中、大型手术？保障技术不过关在手术过程中动物乱踢乱动怎么做手术？同样，病原物镜检技术不过关，不可能按"望闻问切"的中医思维给动物号脉确诊，给药技术不当药物治疗效果可能大打折扣。因此，实用技能型农业人才培养中的技能训练领域是可以试行"层级进阶"式训练的，由此而联想，职业教育领域明确了基本知识"必需、够用"，重点培养学生的专业技能和实践技能，课程体系建设是否可以实行层级进阶型课程体系改革，在此仅提出建议，具体办法有待职业教育领域的同人们进行深入探索。

二、师徒制改革思考

国外的农业职业教育领域已有师徒制经验模式，完成在校学习任务以后，学习者以徒弟的身份进入某个农业企业师承某人进行一段时间的实地学习，可以从不同角度、不同领域实现师徒传承，这种师徒传承包括技能、技巧、职业精神等方面的内涵。湖南澧县职业中专学校开展了这方面的探索：面向种养大户、家庭农场、农民专业合作社的负责人子弟招收"农二代"学生，在校学习期间指定一名教师担任学生的导师或师父，这位教师不定期到学生家长经营的家庭农场、合作社或企业调查研究，全面把握经营主体发展动态，同时指导学生进行针对性技能训练，为"农二代"接班奠定基础。目前，职业教育领域的师徒制还处于思考阶段，可以进一步规范：学生在校学习期间依托师徒传承学习技术、技能，毕业后返乡创业依托师父的跟踪指导，若干年后必然超越师父，成为能够为社会做贡献的实用技能型农业人才。

第五章　地方高校服务乡村振兴

第一节　农业高校服务乡村振兴理论分析

一、农业高校乡村振兴模式的内涵

对于"农业高校乡村振兴模式",可以从以下两个角度进行阐释:农业高校和乡村振兴模式,两个部分共同构成"农业高校乡村振兴模式"的内涵。

(一)农业高校定位

本书中所提到的农业高校,其概念涉及两个方面:其一,教育部直属、共建的农业类专门高校;其二,地方所属的农业本科高校。相对于地方所属的农业本科高校来说,教育部直属或共建的农业高校在综合实力、教学特色、科学研究等方面都具有明显的优势,这些农业高校是中央直属高校的一部分,具有重要的示范作用。地方所属的农业高校虽然是省属高校,综合实力稍有差距,但是这类高校为地方农业的发展贡献了巨大力量,培养了优秀的后备人才,是我国高等教育体系中不可或缺的一部分。本书中所提到的"农业高校",包括以上两类农业高校。这些学校都是具有农业相关学科特色的高等学府,其优势学科通常包括生物学与生物化学、分子生物学与遗传学、农业科学、环境科学等。这些学校的办学经费都来源于政府财政资金,学校均以服务农业经济社会发展为己任,以培养优秀的"三农"人才为目标,从而达到提升我国农业生产技术水平的目的。

（二）乡村振兴模式的选择与应用

根据振兴资源的组合形式，乡村振兴模式可以分为教育振兴模式、科技振兴模式、产业振兴模式、文化振兴模式、旅游振兴模式、电商振兴模式等，这一划分的依据是贫困地区及其人口特点。不同高校在选择模式时会考虑到自身的办学特点及优势，采取适合自己的模式来开展振兴工作。发展农业，是使贫困农村富裕的根本之道，因此农业高校在振兴工作中最重要的就是发挥自身的农业技术优势，协调其他振兴模式，对贫困农村进行产业振兴，这也是振兴工作的核心所在。选择适合本校的振兴模式，不代表就要完全忽略其他模式，这些模式之间可以交叉使用。举例来说，在农业产业链中，产业链上游可结合乡村自然特征开发旅游，即运用旅游振兴模式；产业链中游可采取科技振兴模式，为农民带来先进的种植和养殖技术，并聘请专业人员提供技术指导，提高农产品的产量；产业链下游可结合文化振兴模式，为农产品提供优质的包装与特色宣传，在销售方面下功夫，通过电商振兴和消费振兴的方式销往全国各地。

从以上两点可以看出，农业高校乡村振兴模式是对乡村振兴工作理论的概括，其研究对象是特定主体针对特定对象进行的振兴实践工作，具有代表性、稳定性、持续性等特点。目前，农业高校的乡村振兴实践工作在不断的探索和理论研究中已经表现出一定的系统性，各高校在振兴工作中注重实践后的总结，逐渐形成一套可以复制及推广的工作体系。结合理论高度与实践经验来看，摸索出乡村振兴工作的最佳模式，对于深入分析、认识乡村振兴工作有极大帮助。

二、相关理论的阐释

（一）三螺旋理论的阐释

高校、政府和产业是分别独立的三个主体，同时，三方之间又具有互相作用、互相配合的关系，这就是三螺旋理论的意义。三螺旋理论的核心内容，是阐述高校、政府和产业三者密不可分的特点，强调三者中任何一个在以独立主体存在的前提下又都含有另外两者的部分特点。因此，通过三方之间的密切合作，每一个单独的螺旋都会发挥出更大的作用。三螺旋理论的中心论点，是作为三螺旋的三个基本载体，高校、政府和产业能够互相作用并碰撞出创新的火花，在知识经济型社会中发挥出应有的能力。高校代表着先进的知识与技术，产业是将知识和技术转化成产品的地方，而政府则扮演着纽带的角色，在高校和产业间架起合作的桥梁，稳定整体关系。具体来说，一所具有高水平科研工作的高校能够以研究功能和研究能力为基础成立企业，体现出高校的产业功能，而一个企业为了长远发展往往会对员工进行业务培训，从而提升员工的综合素质，促进企业更好地发展，是能体现出类似于大学教育教学实践工作的地方。

三螺旋最主要的功能，是它们之间可以相互组织，整合成为创新型的组织形式。比如，高校、政府和产业是三个初级机构，在它们之间进行混合组织，融入彼此范畴内的概念，就形成了新组织，可以称之为"二级机构"，如孵化器、科技园、高新技术开发区等。这些混合后诞生的组织形式仍然具备三螺旋的核心要素。三螺旋在创新方面的贡献是巨大的，它推动了大学社会服务职能的扩展，为高校的发展提供了全新舞台。

农业高校乡村振兴模式还包括三个独立的主体，即服务的提供者、接受者和管理者。具体来说，高校具备先进的知识和技术，是服务的提供者；农户或者企业接受先进知识和技术的指导，是服务的接受者；政府不仅起到纽带的作用，还要协调多方发展，是服务的管理者。可见，三个独立的主体之间存在着密切的关系，农业高校乡村振兴模式的发展与完善，正是基于三者之间的关系，只有相互交流与合作，高校的乡村振兴模式才能良好运行。

（二）协同治理理论的阐释

协同治理理论具有协同和治理两层含义，协同是指自然科学中的协同学，治理是指社会科学中的治理理论，二者结合就形成了协同治理理论的概念。这一理论强调公共事务要公共管理，也就是说政府、社会组织、社区、企业、个人等都要参与到公共事务的管理中，从而实现国家与社会之间的沟通互动，达到协同治理的目的。协同治理理论具有以下三个特点：

1. 治理主体多元化

所有的利益相关方都是治理的主体，其中不仅包括政府，还有社会组织、企业、社区和个人等，多元化的主体是协同治理的基本要素。其中，政府在协同治理中处于核心地位，既要做出决策，又要承担责任。其他主体则根据自身不同的优势，在不同的公共事务中发挥作用。

2. 子系统间的协调性

要充分认清协调合作的重要性。每一个主体的优势和具有的资源不同，这是一种必然现象。此种情况下，就要积极与其他组织或个人开展交流合作，加强协商与资源往来，通过交换、合作等方式，在合理的条件下达成最终目的。

3. 合作方式协同化

在治理主体展开合作的过程中，不仅要求主体之间互换资源，积极合作，还要求各个主体在不同的环节中将自身的优势发挥到最好，从具体到整体，全面优化公共治理工作。既强调个体发挥，又注重组织合作，这就是协同治理理论所提出的要求。这一要求从政府决策层面提升了政府决策的科学合理性，从执行层面提升了各主体对于政府决策的执行力度与执行效果，同时，为完善协同治理理论提供了丰富的实践基础。

高校乡村振兴工作正是协同治理理论的真实体现。农业高校乡村振兴模式需要高校、政府各部门、企业、合作社、农户等共同参与，他们是乡村振兴协同治理各环节的主体，共同完成协同治理的全过程。在大振兴格局之下，高校乡村振兴是十分重要的一部分，它是政府治理贫困问题的新举措，将工作延伸至政府力量不足的地方，充分体现出国家在公共治理方面更加完善。

三、地方高校服务乡村振兴的可行性

（一）乡村振兴是决胜全面建成小康社会的时代需求

我国从20世纪90年代就开始推行一系列政策，其中包括《国家八七扶贫攻坚计划（1994—2000年）》《中国农村扶贫开发纲要（2001—2010年）》《中共中央国务院关于打赢脱贫攻坚战三年行动的指导意见》等。2012年到2018年六年间，我国不断加大振兴资金的投入，从2012年的332亿增长到2018年的1060亿；同时，对"三农"推出普惠政策，对贫困人员实行优惠照顾，形成具有中国特色的振兴模式。从具体数字来看，2012年到2018年六年间，我国脱贫人数超过1000万，现已全面脱贫。

2017年，党的十九大召开，会议对乡村振兴工作进行新的部署。党的十九大报告将振兴工作放到新的高度上，报告要求振兴工作从全局角度和战略高度出发，必须坚持农业农村优先发展的方针，加快城乡一体化和全面建成小康社会的速度。

（二）乡村振兴是高校服务社会职能的重要体现

乡村振兴工作是整个社会共同的责任，其涉及社会多个领域，不能仅仅依靠政府来完成。首先，乡村振兴工作中的各个领域、主体和各种资源之间具有复杂的关系；其次，全社会都肩负着乡村振兴工作的使命，要汇聚多方力量，将多种举措有机结合，共同构建大振兴格局；最后，振兴工作涉及的利益方方面面，能够推动成百上千个地区加快经济发展，能够惠及千万群众。由此可以看出，社会各方力量，应该积极响应政府号召，投身到振兴工作中来，其中也包括高校。作为整个社会的有机组成部分，高校有着相应的社会责任与社会使命，服务社会是其基本职能之一。早在20世纪80年代，就有高校参与到振兴工作中，但当时的规模较小，成果也不显著。随着时间的推移，高校的参与越来越深入，涉及的领域越来越多；同时，国家也在不断推出振兴相关的政策文件，高校渐渐进入规模化、模式化的振兴工作阶段。

高校作为拥有先进知识和技术的学府，具有与众不同的定位与优势，使其能够在乡村振兴工作中发挥巨大的作用。因此，2018年，教育部出台了《高等学校乡村振兴科技创新行动计划（2018—2022年）》，文件中对高校提出促进农业科技创新、助力乡村振兴的要求。目前，"三农"工作中，高校主要参与的是乡村振兴工作，可以说，其是高校服务职能的深刻体现。尤其对地方高校而言，其本身具有在地性的特点和优势，因此积极参与乡村振兴，主动为区域社会发展做贡献，是其履行社会服务职能的重要途径。

第二节 地方高校服务乡村振兴模式分析

一、农业高校乡村振兴典型模式

为了检验农业高校整体的乡村振兴开展情况，深入挖掘典型振兴模式，总结成功经验，教育部已经带头举办多次关于高校乡村振兴典型项目的评选活动，如2016年起举办的部属高校评选和2018年起举办的省属高校评选。从所有参赛农业高校中选出3所部属和6所省属高校最具代表性的振兴模式，并对3所部属和1所省属高校（湖南农业大学、吉林农业大学、云南农业大学、四川农业大学、甘肃农业大学）模式进行具体分析，对其余5所省属高校的模式进行列表分析对比（表5-1）。分析结果表明，这些农业高校的乡村振兴模式中都涉及产业振兴，而事实也证明这种振兴方式能从根本上扭转乡村地区的经济模式，从而获得长期、稳定的发展，最终致富。各农业高校有着得天独厚的科学技术优势和庞大的农技人才队伍、成熟的培训教育体系、发达的信息传播网络等支持，可以根据自身的学科特长，在全面考察被帮扶地区地理、环境、人文等实际情况的基础上，制订科学合理的振兴方案，发掘当地特色优势产业，将科学技术成果有机融合进去，带动产业发展，在提高当地科技水平的同时实现致富。这些农业高校在实践中形成的乡村振兴模式贴合被帮扶地区的发展实际，更具科学性和可操作性，能够取得长远的发展，可有效帮助乡村地区提升效益，提高收入。

表5-1 农业高校乡村振兴典型模式

振兴高校	主要模式	主要做法
湖南农业大学	发挥农业院校优势打破传统发展瓶颈	进行调研和产业诊断，启动基于整合茶叶和电子商务两大产业协同创新的"互联网＋品牌"产业振兴计划，通过规划引领和模式创新推动产业发展；积极整合资源，协调各方力量，推进项目实施

续表

振兴高校	主要模式	主要做法
吉林农业大学	"支部+项目+专家+合作组织+农户"乡村振兴模式	针对帮扶地生产、发展的状况，为乡村引进种养殖新品种、新技术、新项目，设立科技振兴基地，进行关键技术推广示范；成立科技振兴专家服务团，大力开展帮扶村农民培训
云南农业大学	厚植科技资源助力产业振兴	利用广袤森林资源发展林下经济，形成林下生态有机绿色食品（药品）产业；利用热区环境发展冬季特色农业形成生态绿色食品产业；转化科研积累成果；开展职业教育和科技振兴培训
四川农业大学	创新农技推广"雅安模式"	搭建"总站—服务中心—服务站"三级科技服务平台，形成新型的农业科技服务体系；组织专家团队按需求提供产前、产中、产后系列化服务，带动乡村地区找准适合当地发展的特色支柱产业
甘肃农业大学	立足乡村地区资源实施中药材产业振兴	设立了中药材专家院，对甘肃主产大宗药材和特色药材进行了系统研究，实施中药材规范化栽培技术集成与示范项目，开展中药材机械化栽培技术示范推广等

注：表中资料来源于中华人民共和国教育部网站

（一）中国农业大学"科技小院"模式

"科技小院"是中国农大创立的乡村振兴模式，是扎根生产一线的综合服务体系，包括农业科研、技术创新、农技推广、社会服务、人才培养等。"科技小院"自2009年创建以来不断发展壮大，现已遍布全国21个省市，设立服务点81个。借助"科技小院"平台，中国农大将农业科研机构、政府单位和交易市场的资源和优势有机结合、充分利用起来，不断研究和探寻新的发展模式，即如何提高农业生产生活的科技含量和水平，如何帮助地方实现大面积的农业增产增效。"科技小院"的具体振兴措施包括：

①农技推广。学校与帮扶地区深入沟通，根据其实际需求成立专家服务团队，对地方引进的一些新农作物品种如何种植、新生产技术如何操作等进行示范指导，并推广给农民使用。

②新技术示范。学校根据振兴点的地理特性，引进推广肉牛养殖、中草药种植、反季节蔬菜种植等新的农业技术，帮助其扩大农业规模，提升市场竞争力。

③共建科技小院。学校派遣农业类研究生团队长期在振兴地区驻守，仔细记录当地农作物生产销售全部过程，并根据这一过程中发现的问题，随时随地给予针对性培训，内容包括科学技术的应用、一些好的农耕技巧等。

④水土检测。学校会联系第三方检测机构对振兴地区的土质、水质、环境等客观条件进行详细的检测和分析，寻求最适合当地地理环境的农作物，从而实现土地增产增收。

⑤人才培训。根据当地需要为各类人群提供有关农业知识和操作技能方面的实地指导和互联网培训。这种充分展现科技优势、打造产业特色、开展实践科研、培养基层人才等多措并举的振兴模式，能有力促进地方持续、稳定发展，帮助地方加快振兴步伐。

（二）南京农业大学"科技大篷车"模式

"科技大篷车"是南农大30年前建立的乡村振兴模式，主要是鼓励和动员全体师生组成不同形式的临时专家指导小组，下乡推广、指导农业科技，提供农业知识科普、咨询等服务，帮助农村挖掘和发展支柱产业，引导农民增产增收，获得丰厚效益。"科技大篷车"成立至今，走过全国大大小小二十多个省，一百多个市和县，一千多个村，行程过百万公里。这一振兴模式以农技推广为核心，主要通过以下措施开展工作。

①产业规划。深入考察和分析区域基本详情和产业结构科学合理规划，帮助当地围绕主导产业建立现代化农业产业园，打造一批特色鲜明、科技先进、绿色循环、效益显著的高质量、现代化产业示范基地，成为山区振兴致富的成功样板和标杆。

②科技服务。以振兴乡村为目标，根据当地实际建立专家工作站，在农技推广方面尝试推行"两地一站一体"的链式联盟型服务新模式。同时，借助互联网等现代化信息推广渠道，线上线下有机结合、同步进行，促进农技推广事业蓬勃发展。

③产业优化。依托学校丰厚的科研和人才优势，结合当地地理特征和发展现状，开展农作物种植、农产品加工及农村服务业方面的技术研究和探索，不断优化和拓展产业链条，壮大特色产业，发展乡村旅游，增强市场竞争力。

④现场指导。以学校师生为主体成立的专家指导小组，依托专家工作站，

深入农村，亲临农业生产现场给予农业技术应用、农耕技巧等方面的指导和培训。

⑤咨询交流。为当地政府部门和相关技术人员等提供咨询指导，给予科学可行的意见和建议，尤其是对农村发展起重要作用的农村金融发展问题及乡村环境、空间治理等方面。学校已帮助多个乡村地区建立较为完善、良性发展的特色产业，如智慧农业、乡村旅游、菊花谷等，并取得显著的振兴成效。

（三）河北农业大学"太行山道路"模式

"太行山道路"由河北农大提出实行，是最早的农业高校乡村振兴典型项目。该模式将教育、科技和经济三大社会发展的主体紧密联系起来，共同促进乡村建设。将科研与农业生产有机结合，注重把能促进农业增产增收的科技成果在实践中大力推广应用。将专家资源与农民有机结合，大力推行专家人才深入一线进行现场指导服务。其具体振兴举措有：

①荒山开发。创造性地吸取各方面关于山区开发的技术和土地治理经验，结合农业科研技术，形成可操作性与可复制性强、能尽快帮助农民致富的模块式荒山开发模式，并以此模式为依托，打造一批现代化、高质量的绿色、循环型农业产业园。

②示范基地。学校每年都会将上百条科研成果投入实践，以此为依托建立一大批相关农业示范基地和试验站，将新的农业科技与当地的资源优势紧密结合，形成较为完整的涵盖"五个一"的乡村振兴体系，包括：制订切实可行的振兴方案，推广一批能真正帮助农民致富的农业项目，建立一批充分运用现代高新技术实现农业增产增收的典型示范村（户），建设一批质量高、运转好的现代化农业产业园，挖掘一批展现地方独特优势的农业相关主导产业。通过以上举措，有效推进科技振兴进程。

③人才支持。学校鼓励和动员全体师生组成专业人才团队，分批分次深入乡村地区，现场进行农业技术推广、指导服务，帮助当地群众解决生产、生活方面的各种技术难题。如专家教授团下乡、博士硕士团假期下乡、大学生社会实践等。

④产业扶持。学校注重结合地方资源优势，打造特色主导产业。帮助地方创建著名的"绿岭"品牌，并围绕这一品牌实现农作物种植、农产品深加

工等完整的农业产业链条。学校每年推广实践的科技项目和成果突破200项，帮助地方创收上百亿元，对地方发展做出了不可磨灭的贡献。

二、农业高校乡村振兴一般模式的构建

（一）农业高校乡村振兴的一般模式

农业高校乡村振兴多元主体参与互动模式中，主要有以下三种作用机制。

1. 外层主体作用机制

在农业高校乡村振兴工作开展过程中，外层主体起着最基础、最主要的组织、参与、支持、帮扶等作用，共同形成该振兴模式的基础框架。这些外层主体主要包括：农业高校本身、当地政府部门、各类优秀企业和金融机构。政府部门为主导，可以有效整合和监管地方各类资源，充分调动各方参与进来；企业是整个产业的执行者，包括种植、加工、运输、销售等整个产业链中的所有企业；高校主要提供技术支持，是整个产业良性发展的前提和动力；金融机构提供资金扶持，是项目启动开展的基础。四方主体根据需要灵活合作、有机协调、共同发力才能充分发挥外层主体机制的作用，从而保证振兴工作有序开展。

2. 内层中介传导机制

内层中介传导机制由8个振兴要素组成，起到重要的衔接外层主体与核心对象的作用。8个振兴要素对乡村振兴起着至关重要的作用：①确立产业项目，高校采取的一系列农技推广、人才服务等振兴措施都需要依托产业项目来落地实现；②生产组织方式，一般包括规模化经营大户、合作社、农业公司等，这种规模化的发展方式能有效节省人力物力，提高效率，促进农业产业化发展；③示范基地及试验站，就是将先进的农业科学技术集成落地实践；④信贷资金是农业产业建设筹集资金的方式之一；⑤农业保险能帮助规避产业发展过程中可能遇到的经济、质量、安全、天灾等方面风险；⑥畜牧、林业、水利等相关部门的参与能有效集中各类资源，确保振兴工作顺利、快速开展；⑦地方党建组织起着统筹调控，协调领导的作用，让各个要素之间达到及时有效的互通互动。

3. 核心对象受益机制

核心对象就是每个需要扶持的农户,是乡村振兴战略实施的主体。所有外层主体和内层中介要素有效衔接,相互作用,形成政府、企业、高校、示范基地、金融机构、合作社、农户等灵活组合、协调发展的各种振兴模式,都是紧紧围绕帮助农户增加收益这一核心目的来展开的。同时,振兴工作的开展需要农户提供劳动力支持,这一过程不但会给自己带来收益,还能有效提高劳动素质和水平。所有要素和主体通过产业振兴项目的积极参与和互动,能有效解决很多农业发展困境,增加资金来源、提高农业规模化发展水平、拓展新型经营主体、提升管理技术等,从而帮助地方经济持续、稳定地发展。

(二)一般模式的构成要素和基本内涵

农业高校乡村振兴模式的基本主体为政府、高校、企业和农户,其中政府处于主导地位,农户处于主体地位,主力军是企业与高校,这些主体之间保持着协调共存的关系,共同发挥作用。乡村振兴模式的核心是产业振兴,乡村振兴模式的基本要素包括科技推广、文化振兴、电商振兴、信息振兴、专项投资、教育振兴等。其中,科技推广和专项投资是乡村振兴模式的支撑要素,产业振兴是主体要素,"两翼"是教育振兴和文化振兴,同时由电商振兴和信息振兴作为补充。各要素之间互相关联、互相作用,形成完整的农业高校乡村振兴模式。

农业高校乡村振兴一般模式的基本内涵可以从以下五个方向进行阐述。

①包含一定的价值目标。其包括:对于乡村地区,帮助其提升农业发展的自我能力,从而提升该地区农业产业的质量和效益;帮助乡村地区的农民提升综合素质,提高农民生产发展的内在动力,从而实现振兴;对乡村环境予以改善,使其更加宜居。

②因地制宜,因势利导,打造特色产业。针对不同地区独特的地理和社会环境,综合应用各种生产技术,发展符合当地特色的农业产业。以云南农业大学为例,云南农业大学位于昆明,全年气候温暖,周边有广大高原地区,还有丰富的劳动力资源,因此大学充分利用自身的生态优势,注重土地利用和产出率,发展具有当地特色的高原绿色食品体系。

③技术与产业链相结合。在技术研发中，既要重视当下的产业需求，又要兼顾未来的研发方向，将二者有机结合，可实现技术链与产业链的深度融合。例如，华中农业大学在对猕猴桃品种进行开发时，没有仅仅停留在种植技术上而是拓展猕猴桃汁、猕猴桃果酒等产品，延长猕猴桃种植产业链，实现技术产业化创新。

④多主体共同参与。将政府、企业、高校和农户等主体进行整合，使其共同参与到乡村振兴模式中，共建"命运共同体"，共享振兴成果。吉林农业大学在这方面做得比较好，他们以"支部+项目+专家+合作组织+农户"的形式开展乡村振兴工作，取得了较好的效果。

⑤各要素关联配套。农业高校乡村振兴模式包含的要素有很多，这一模式实质上是各振兴主体和多要素共同作用的结果，配套的要素包括：政府方面的资金、资源投入，农业高校科学技术向成果的转化，企业的发展，乡村地区人口的振兴意愿和内在动力，自然与社会环境，基础设施建设等。这些要素在一定时间和空间内聚集、配套，并且不断完善，才能形成完整的农业高校乡村振兴模式。

（三）一般模式的主要特点

1. 振兴内涵的产业属性

农业高校乡村振兴模式要以产业振兴为核心，因为产业在乡村治理中的作用是决定性的，是振兴的核心要素。目前，很多乡村不能走出一条属于自己的经济发展之路，往往因为缺少农业科技的支撑。想要开展乡村振兴模式，高校应为乡村提供先进的科学技术，但因为乡村地区具有自然环境、经济发展和人文社会等方面的差异，而农业技术又具有很强的地域性，因此高校向乡村地区推广科技，应坚持选用具有适用、先进、实用、成熟、经济等特性的技术。高校将成熟的科技成果向乡村地区推广，具有以下优点：①可以根据乡村实际情况，选取覆盖面比较广的产业；②汇集一切可利用的资源，如人才、科技、龙头企业等，通过项目调动振兴主体的积极性，使之更有动力；③拉动整个产业发展，帮助地区突破旧有的生产方式，突破发展瓶颈；④吸纳乡村人口进入产业链，通过产业发展使这一部分人口实现就业、增收，成功富裕。

2.振兴措施的整体协调性

农业高校乡村振兴模式以产业振兴为核心，多方面力量相互联系、交叉作用，形成环状关系，各要素之间统筹协调，共同形成这一模式，可以说，整体协调是农业高校乡村振兴模式的内在要求，具体表现在：①想要增加乡村人口收入，产业振兴是十分重要的举措，但是产业振兴也需要一定的基础，需要借助农业科技推广示范、项目平台和投资等来完成；②文化振兴和信息振兴可以为乡村地区提供人才资源上的帮助，如培训、咨询等，还可以帮助农民转变思想，提升其综合素质，营造乡村文化，为乡村地区振兴工作提供动力、信心及必要的文化基础；③教育振兴可以从本质上改变乡村人口的文化素质，从而在未来一定时间内提升整个地区的人口素质；④电商振兴是一个新颖的要素，其主要特点是综合，可以将乡村地区的产业发展、人才教育、素质建设等进行有机综合，使其关联在一起。从以上几点来看，可以多项举措和多种资源进行协调整合、综合分配，有效地解决振兴工作中力量分散、力度不均等问题，从而加快振兴工作进展速度，改善乡村地区的整体环境。

3.振兴运行的政、产、学联动性

在当前农业高校乡村振兴模式中，政府充当主力角色，高校是重要的组成部分，产业是核心力量。政府、高校、产业，是乡村振兴模式的关键所在。在振兴工作实践中，三个主体必须相互配合、共同发力，将政府的保障职能、高校先进的科学技术与产业的核心功能融合在一起，形成一股强大的合力，从根本上起到改变农民思想的作用，从而实现精准脱贫这一目标，提高农民收入。比如，华中农业大学，在振兴实践工作中，学校从当地的自然与社会条件出发，注重与政府的合作，发展适合当地的农业产业，并且派遣技术人员前往，在当地设立实习基地，通过各种方法促进产业做大，实现政府、高校与产业间的深度融合与密切合作，共同帮助乡村地区实现富裕目标。

（四）一般模式构建的基本原则

1.以主体交互为基础

农业高校乡村振兴模式包括基本主体和相关主体，基本主体为政府、高校、企业、农户，相关主体为社会机构等。在四个基本主体中，政府占主导地位，起到整合、分配资源，推进振兴工作进程的作用。高校为振兴工作提供相应的技术，组织具体项目的实施与开展。企业特别是龙头企业属于经营者。乡村地区的农户是乡村振兴模式的主要参与者，同时也是受益的核心群体。以上各个主体之间存在着一定的交互关系，主要体现在：①高校和地方之间的交互关系。在振兴工作中，高校和地方要相互配合，相互支持，充分发挥高校和地方各自的优势与作用，共同推进振兴工作进程，面对工作中的重难点和存在的问题，及时发现，共同解决，保证工作健康有序地开展。②高校内部各部门的交互关系。乡村振兴工作需要农业高校内部各学院及部门之间进行配合，将干部和科学技术人才投入到地方振兴工作中去。此外，高校企业、社团与人才之间同样需要交互配合。这些主体之间的交流、互动、合作关系，是保障农业高校乡村振兴模式的基础。

2. 以资源互融为关键

农业高校乡村振兴模式的构建需要重点考虑资源问题，要使资源优势最大化，就要实现振兴资源互融，使之形成合力。首先，要考虑政府的政策资源。因为政府在农业高校乡村振兴模式中处于主导地位，所以政府出台的政策对振兴工作起着指引方向的作用，它规定和约束着资源的流向，对资源的使用有重要的监管作用，同时对能够合理、协调地利用及整合资源起到极大的科学指导作用。首先，通过解读国家和地方的各种振兴政策，可以了解到一些优惠政策，如贷款政策、资源使用政策、产业扶持政策等，在了解掌握政策的基础上进行振兴工作，能够充分发挥高校振兴的优势与作用，避免资源浪费，更好地帮助乡村地区的企业与农户实现增收，早日致富。其次，要考虑社会资源。社会资源包括高校内外的各种营利与非营利机构资源，要充分利用这些资源，如校友、校企资源等。举例来说，可以以校友会或校企为平台，推荐校友企业家到乡村地区视察，寻找机会进行商务投资；可以在校内开展乡村地区特色展品展销会，增加乡村地区特色农业产品的销量；还可以组织师生到乡村地区开展团建或春秋游，为乡村地区带来收益；也可以与学校食堂合作，由乡村地区为食堂供应粮食蔬菜等，既为学校节约成本，也拉动乡村地区的农作物销售。

3. 以方式整合为抓手

农业高校乡村振兴工作方式不是单一的，而是多种方式相结合的模式。振兴工作不是短期的，而是长期、系统的工作。因此，高校必须融合产业振兴、文化振兴等多种振兴方式，才能有效开展振兴工作。不同的振兴方式具有不同的特点和优势：产业振兴重在产业发展，是促进乡村地区经济发展的核心；教育振兴重在基础教育，能够提升乡村人口的整体素质；文化振兴重在思想建设，能够打造具有当地特色的乡村文化与品牌；电商振兴重在销售渠道，能够拓宽乡村地区农业产品的销路，提升销量；信息振兴则重在信息化建设，能够推进落后乡村向现代化乡村迈进。针对不同的振兴对象，要使用不同的振兴方式，高校在选择振兴方式时要充分考虑乡村地区的实际情况，要考虑所选振兴方式的振兴效果。此外，还要处理好各种方式之间的关系，既要做到协调合作，又要注意其适应性，要多方兼顾，不可顾此失彼。农业高校在振兴工作中要不断优化方式，整合资源，从而达到提升振兴工作效率，提高乡村地区人民生活水平，稳固乡村地区振兴的目的。

4. 以精准施策为核心

精准施策原则是农业高校乡村振兴模式的核心原则。高校开展振兴工作时，必须要做到从这一原则出发，将资源严格用于解决振兴问题，杜绝目标不清晰、资金使用不到位、振兴资源浪费等问题，坚决不能出现乡村人口难以被有效扶持的情况。精准施策原则要求各振兴主体以乡村地区人民的实际需求为导向，产业振兴、文化振兴、教育振兴等方式多管齐下，不仅要发展该地区目前的农业产业，还要用发展的眼光看待振兴工作，提升当地农业的可持续发展能力，从根本上解决振兴问题。精准施策原则还要求各农业高校将自身优势和乡村地区特点相结合，因地制宜，为乡村地区打造适合本地区的振兴工作方案。精准施策原则的具体表现为：①对乡村地区的实际情况了解要精准，对该地区振兴项目设立要精准，针对振兴工作所选的负责人要精准；②在资金方面，资金配套振兴项目要精准，做到资金合理计算、及时投入，下放资金分配和使用权精准到人，做到了解实际情况，合理使用资金。

5. 以精准致富为目标

高校乡村振兴工作的最终目标，也是唯一目标，就是使乡村地区人民成功致富。因此，农业高校乡村振兴工作要把乡村人口的利益放在首位，以其为落脚点，真正做到在振兴工作中一心为乡村人民考虑，与乡村人民共享振兴成果。

在振兴工作中，要严禁不端正的态度，严禁走过场、形式主义等不负责任的现象，更要杜绝振兴工作中的虚假结果，必须保证振兴结果的真实性。振兴工作不是为了完成任务，而是为了实现乡村人口的最终富裕，因此在工作中要将乡村人民置于首位，多方面进行帮扶，要重视乡村人民的反馈，将乡村人民的认同看作是振兴工作到位的指标。在产业振兴中，农业高校要依靠自身先进的科技手段，在乡村地区培育龙头企业，吸纳乡村人口就业，提升乡村人口收入。同时，还要在乡村地区建立特色品牌，扩大产业规模，提高产业效益，增大乡村人口收益的覆盖面，使更多人能够通过付出劳动来增加收入，实现致富。农业高校要选择精准的振兴方式，精准地使用资源，精准地确认振兴对象，如此才能实现乡村振兴的目的。

第三节 地方高校服务乡村振兴政策分析

早在1994年，高等院校就已经参与到社会振兴工作当中。当年的《国家八七扶贫攻坚计划》当中就有书面条例对高等学校、科研所提出要求，鼓励这些组织发挥自身的科教优势，将自身的特点同扶贫攻坚结合起来。比如，可以直接和贫困地区取得联系，通过自身的科教优势，对贫困地区进行改造，向贫困地区输送人才，积极实施"人才发展战略"。全面建成小康社会的目标年限迫在眉睫，意味着扶贫攻坚工作难度持续加大，高校振兴工作直到2012年11月相关文件颁布之后，才有明确的工作目标，高校振兴工作据此有了可靠的路径和保障。文件中确定了44所高校的定点振兴关系，覆盖面十分广，可以说是我国开展攻坚振兴工作以来对于重点县覆盖面积最广、程度最深的一次。

随后几年，国家继续加大力度，教育部对于振兴工作的投入也越来越大。由原先的44所加至75所，从长远看，高校数量的增加既统筹兼顾安排振兴工作，又为高校开展振兴工作提供战略性指导意见。例如，从如何振兴、振兴内容等方面提供解决方案。

随着工作逐渐深入，高校振兴的优势和缺点都逐渐显露出来，为解决这些问题，国家相关部门出台了一系列政策和文件，主要包括：鼓励高校加大研究力度，给予振兴工作理论方面的支持，为振兴提供可靠的理论依据。同时，相关部门针对产业振兴、技术振兴、文化振兴等各方面提供很多指导意见。比如，对待形式主义问题采取严厉的打击手段，从而杜绝此类现象。此外，还可以结合高校自身的特点，将高校优势之处同振兴要求结合起来开展振兴工作，极大地提高振兴效率，产生良好的振兴效果。

自振兴工作开展以来，许多高校都为振兴工作贡献了自己的力量。那么各高校又是怎样开展振兴的呢？在本节中，针对这一问题，对开展定点振兴工作的44所高校展开全方位的了解剖析，主要从教育层面、产业层面、人才层面和医疗层面展开叙述。

一、教育层面的振兴

教育层面的振兴不是一蹴而就的，是由浅到深，从单方面到全方位的。

美国的经济学家舒尔茨（TheadoreW.Schultz）曾提出："过人的能力和素质会对贫富产生决定性影响。"所以，大部分地区落后并不是因为该地区的物资匮乏，而是因为人才的短缺和人力资源的落后。因此，如果使一个地区致富，首先要关注教育工作的发展。教育是地区发展的基础和根源，只有发展教育，才能进一步推进振兴工作开展。其中，各高校对于这项工作所采取的措施有支援教学、资金自主、资源投入等。

高校对于乡村地区的教育振兴可以从以下四个方面来看：首先，开展支教活动。支教活动，顾名思义指由学校派出志愿者对乡村地区采取一对一帮扶的办法，开展教学工作。目前在44所高校中，已经有过半的学校有着比较完善的志愿者服务机制，同时其他高校也在支教方面采取了一系列行动，比如，假期支教和社会活动实践等，来对乡村地区进行帮扶工作。其次，对乡村地区的招生实施优惠政策，例如，根据当地的实际情况，适当降低对乡村地区的招生要求，尽可能让更多学生有上学机会。再次，可采取贫困生资助的方法。各大高校都有针对贫困生所设立的奖学金和制订的帮扶计划,帮助贫困生减轻在校期间的生活压力,使他们上学可以更加后顾无忧。最后,教育资源的投入,高校面对乡村地区教育资源相对落后的情况,应该及时投入教育资源,改善乡村地区的教育基础设施,同时可以充分运用多媒体信息技术手段,开展互联网教学。

二、产业层面的振兴

产业层面的振兴是为了带动乡村地区的经济发展和经济结构而进行的转型调整,一个地区的经济发展速度缓慢,从一定程度上表明该地区的经济结构存在某些问题。就产业振兴而言,其发展模式是以"单一型"和"多样型"为主。其中,对于增加乡村地区农民收入这一问题,就需要从根源上解决经济落后的问题,通过结合当地的地区优势,进而发展特色产业,带动一系列相关产业的发展,有效的产业链可以提供更多就业岗位,增加村民收入。为了实现此目标,可以采取以下方式。

首先,发展特色经济。例如,经过西安电子科技大学的长期研究,符合当地特色的金银花种植产业得以开发,在当地建立种植产业园,提高生产量,拓宽销售路径。此外,西安电子科技大学与众多大型企业签订供给合同,在专家的理论指导下,为金银花的种植提供理论保障,进一步增加农民的收益。在这一产业模式的影响下,政府带领约229个贫困户走上脱贫致富的道路。

其次,文化产业振兴。文化产业振兴就是将当地的特色文化发展为文化产业。比如,湖南大学的"花瑶花"项目,就是将帮扶县的环境特色加以渲染,促进文化产业的升级,打造文化品牌,同时将文化与产品相结合,利用文化的噱头,提高产品的创收,以此来提高当地农民的收益,加快致富步伐。

再次,开发旅游产业。旅游产业是当今火热的产业模式,通过旅游产业可以衍生出众多的产业模式,此种情况下,可以获得更高的收入。因此,可以根据当地具体的环境特点,开发旅游产业。

最后,合理利用多媒体信息技术。在经济快速发展的情况下,农民可以充分利用互联网的便捷之处,创建网络产业平台,利用互联网解决当今农户产品滞销的问题,从而扩大农产品销售路径,提高农民收入,提早走致富的道路。

三、人才层面的振兴

人才层面的振兴也要转变振兴模式，将"输送式"改为"培养式"。

人才匮乏是乡村地区长期不能振兴的主要原因之一。优秀的领导者可以对地区的长远发展进行合理规划，而有效合理的规划可以带动地区发展。因此，促进地区的发展，帮助该地区致富，人才是核心，有效的领导是关键。就人才振兴而言，高校可以从以下五个方面开展工作：

第一，输送高素质人才。高校可以委任挂职干部，在领导干部的指导和帮助下，实行"一对一"乡村振兴政策。领导干部可根据乡村地区自身存在的问题，采取针对性的措施。

第二，改变振兴模式，即将"输送式"转变为"培养式"。在当地，可大力实施"人才培养政策"。"授人以鱼不如授人以渔"，因此可将当地的人才输送转变为当地自身发展人才，帮助乡村地区建设工作，夯实工作基础，同时提高干部的规划能力，加强领导的领导能力和管理能力。

第三，将旧时的农民转变为新型农民。以往的旧农民形式已经不符合现阶段的农业发展模式和发展需求，所以需要将现阶段的科学技术同农业结合起来，对农民采取集中教育，培养新时代爱农业、懂技术、善经营的新型农民。如何更好地落实这一任务呢？可以从现阶段的网络培训入手，极力支持大型企业和组织担任培训主体，并及时对培训结果进行测评。

第四，培养壮大教师队伍，加大教育投入，通过各种方法提高教育质量，提升教育品质，提高教育者的管理水平。

第五，发挥高校的咨询服务功能。利用高校信息广泛的特点，为乡村地区提供相关的建设性意见，帮助乡村地区早日致富。

四、医疗层面的振兴：从"救济式"到"发展式"

从以上三方面可以看出，不论是何种手段的振兴，都要由小到大、由浅入深，层层深入，医疗层面也不例外。

医疗层面的振兴模式主张从"救济到发展"，对大部分乡村地区而言，因病致贫都是相当重要的原因，也是振兴迟迟不能达到效果的重要因素。所以，为了解决这一问题，我国加大医疗投入，加快医疗发展。

就目前情况而言，乡村地区的很多人难以承担医疗费用，所以在面临疾病时，大多选择不治疗，再加上当地的医疗服务设施落后，面对很多疾病都是有心而无力。因此，就需要高校采取定点医疗、定点救助的方式。目前，44所高校当中有15所高校是医疗类型学校，他们利用自身的专业优势，下乡对乡村地区实施定点振兴，对乡村地区的医疗人员也采取培养模式，促进当地的医疗水平提升。具体实施过程如下：

首先，医护人员的培养，高校既可以在乡村地区开展医疗讲座，也可以组织乡村地区的医护人员进校进修，只有"两面抓"，才能不断地将人才引进、培养、留下。

其次，通过现阶段的通信技术，实施远程协助。当乡村地区遇到无法解决的疑难杂症时，可以通过远程医疗系统对当地进行医疗协助，开展两地会诊。

再次，组织高校医疗团队下乡进行技术演示。通过实体展示，进而提升医疗水平。

最后，建立健全乡村地区的基础医疗设施和装备。乡村地区的医疗设施较为落后，难以跟上现在的医疗水平。因此，需要加大对医疗设施和装备的投入，并给予一定的资金扶持，置办更加符合当代医疗需求的仪器。同时，也可以组织捐赠活动，实施"一对一"帮扶。而高校在这一过程中发挥着不可替代的作用，高校的科学技术、智力因素和文化经济等因素都对乡村地区的发展有着促进作用。

综上所述，上述振兴模式是高校开展振兴工作的良好开端，对其他振兴方式起着很好的示范作用，也对高校振兴工作有很大的启示，可以帮助之后的振兴工作更好、更全面地开展。

第六章　乡村全面振兴的实现路径

第一节　全面推进产业兴旺助力产业振兴

乡村振兴，产业兴旺是重点，它与生态宜居、乡风文明、治理有效、生活富裕相互联系、相互作用，是推动乡村振兴的主要动力。我们要依据农村经济发展的客观规律，明确乡村的自然条件和区位优势等基础条件，因地制宜，发挥比较优势，选择适合自身发展的路径，建立农业产业体系，激活农村经济发展活力，促进农业现代化，切实提高农民收入水平，最终实现"农业强、农村美、农民富"的目标。

一、加强农业基础设施建设，提高农业综合生产能力

农业与全国人民的温饱问题息息相关，要想将饭碗牢牢地端在自己手里，就要提高农业的生产能力。振兴乡村产业的基础就是提高农业综合生产能力，坚持实施藏粮于地、藏粮于技战略，保证国家粮食安全和重要农产品的有效供给。改革开放以来，我国农业的综合生产能力已有较大的提高，但是还存在着方方面面的问题，这些问题制约了我国农业综合生产能力的进一步提高。在现阶段，要坚持实施党和国家关于严格保护耕地的各项政策，确保全面落实永久基本农田特殊保护制度，严守耕地红线，严格控制非农占地，保证用于生产农产品的土地面积不减少，同时要在不合适耕作的土地上实行退耕还林、还草，保证农业的可持续发展。着重加强农业农村基础设施建设，建设高标准农田，兴修水利工程，强化灌溉区灌溉设施的节水功能，

大规模推广并应用新型的节水设备，大规模采用滴灌、喷灌等灌溉技术，避免出现大量的水资源浪费，提高农业的生产效率，增强抵御自然灾害的能力，增强农业综合生产能力。加大对农业科研技术和推广技术的投资，推动农村广泛地与科研机构联系，研发优良品种，提高农业的创新能力，使农民在进行生产时可以运用先进的生产技术，从而进一步提高农业的生产率。此外还要加快农机设备在农村地区的推广，提高农业机械化生产水平，在农业生产时形成规模效应，提高农业的收益率，夯实产业振兴的基础。除此之外，还要注意农业的可持续发展，在农业生产中减少使用化肥、农药等，运用现代生物学和管理学的技术，因地制宜地对生产进行规划，构建现代农业生态系统。

二、建立健全现代农业产业体系

实施乡村振兴战略，推动乡村产业振兴，要深化农业供给侧结构性改革，加快构建现代农业产业体系、生产体系、经营体系，明确指出了构建现代农业产业体系对于产业振兴和乡村振兴的重要性。构建符合经济发展要求的现代农业体系是实现"产业兴旺"的重要路径，也是推动乡村振兴的主要动力。构建现代农业产业体系，就是要突破原有的"农业的功能就是提供农产品"的固化思维，根据地区的区位优势和自然禀赋来开展生产活动，发展区域特色农业，引导地区发展符合区位特征的产业。发挥农业龙头企业的作用，为当地农副产品拓宽市场，调动农民积极性。构建现代农业生产体系，就是要转变原有的传统生产方式，采用当下最新、最先进的科学技术进行农业生产，同时提升农业装备水平，采用机械化的生产方式，降低生产成本，提高生产收益率。推行土地整治，建设高标准农田，建立农田检测体系，了解农田的基本状况，保证高产和稳产。建立健全农副产品质量监管体系，推动农业标准化生产，倡导农业绿色发展模式，生产中用有机肥替代化肥，从源头控制上保证农产品的质量。联合高校和农业科研机构，合力解决农业生产中产生的问题，开展对于关键生产技术的研发，突破技术制约农业产业发展的瓶颈。构建现代农业经营体系，就是要构建以家庭承包农户为基础、新型经营主体为骨干、其他组织形式为补充的现代农业经营体系。扶持新型农业经营主体，引导建立农村龙头企业、家庭农场等，激发农业经营主体在农村生产经营中的活力，使其发挥适度规模经营的优势，提高农民收入。完善农业社会化服务体系，使农业生产的经营主体可以通过多种渠道获得信息、销售等服务，从而提高生产经营水平，促进农业发展。

三、优化农业产业结构

产业结构的优化可以促进产业的进一步发展，农业产业结构进一步优化可以激发乡村产业发展的活力，带动乡村经济水平的提高。2016年中央农村工作会议提出："推进农业供给侧结构性改革，首先要把农业结构调好调顺调优。"我国是农业大国，随着经济水平的不断提高，农业也需要进行相应的转变，才能与时代的需求相适应。长期以来，我国农业发展定位主要是农产品供给，政府政策导向和农业生产经营者关心的都是农业所能生产的产品数量，对农产品质量和品种不够重视，高产和增产是农业发展的主要目标，导致农业发展出现了许多新问题。农村的产业结构单一，农产品的质量较低，不能满足人们的消费需求，抑制了我国农业的进一步发展。推进农业供给侧结构性改革，优化农业产业结构，提高农产品的质量和竞争力，激发农村产业发展的活力，是产业振兴的关键。积极调整品种结构，减少库存较高作物的种植，根据市场的需求，适量地增加对于市场上缺乏的农产品的生产，增加该作物的生产面积，提高产量，优化农作物的品种结构。优化产业布局，因地制宜，在不同地区发展不同产业。在适合发展牧、渔业的地区大力发展牧业、渔业等，应用先进的科学技术提高牧业、渔业等的产值和产品质量，扩大农产品的销售范围，不断地满足消费者关于农产品的需求。提高农产品的质量，坚持农业提质导向，建立健全农产品质量标准体系，大力发展绿色农业，提高机械化水平，避免出现大量使用农药、化肥的情况。推进农产品生产投入品使用规范化，发展循环农业，保证产品的高质量。大力发展农产品加工业，使农民通过销售具有较高附加值和较高质量的产品获取更大的收益。

四、推动农业产业深度融合发展

2015年，中央一号文件首次提出推进农村第一、二、三产业融合发展。

要推动乡村产业振兴，紧紧围绕发展现代农业，围绕农村第一、二、三产业融合发展，构建乡村产业体系，实现产业兴旺。推进农村三次产业融合，是实现农业发展方式转变的重要举措，也是提高乡村经济水平的主要方式。农村第一、二、三产业融合发展的理论来源于日本的"六次产业"，即"六次产业"＝第一产业＋第二产业＋第三产业。日本推动农村"六次产业"发展在农村取得了较好的成效，加快了日本农业现代化的步伐，这体现出农村产业深度融合发展是提升乡村经济发展活力的重要举措。随着我国农业现代化水平逐渐提高，农业产业融合发展取得了一定的效果，但也存在产业整合程度不高、产业链延伸程度低、产业融合方式单一等问题。推动农村产业融合发展，首先要坚持市场导向，根据市场需求来选择农业产业的融合方式，因地制宜形成农业产业体系，使得农户能够从产业融合发展中切实获取收入，调动农民生产积极性和主动性。加大对乡村产业融合发展的财政支持力度，各级政府要在统筹安排涉农资金时，有针对性地对产业融合项目倾斜，设立专项发展基金，同时将社会资金引入乡村产业融合项目中，带动农村产业深度融合。推动产业链纵向和横向的进一步拓展，探索多种产业融合发展方式，推进乡村第二、三产业的融合，同时注重第一产业和第二、三产业的深度融合，开展精加工、深加工等工业，完善乡村的产业体系，打通农产品的销售渠道，提高运输效率，提升农业的综合生产能力，夯实农业的基础。另外，根据地方特色推进产业融合，形成当地融合产业的核心竞争力，避免同质化，提高知名度，发展多种形式农业新业态，促进农业由单一功能逐渐向多功能发展。健全利益共享机制，提高农民的参与度，使得农民可以通过产业融合发展获取较高的收益。推动产业链与农民利益联结机制的设立，引导当地龙头企业、合作社等新型农业主体与农户建立利益共同体，共同承担风险，分享收益。建立健全订单制、合作制等新兴利益联结机制，稳定农民收入水平，调动农民积极性，不断完善乡村农业经营体系，加快农业现代化的进程，推动乡村产业振兴。

五、创新驱动提升农业科技创新水平

科技是第一生产力，必须依靠农业科技创新，带动乡村产业发展，实现农业现代化。党的十八大以来，我国出台了一系列强农惠农政策，有力地推动了农村、农业的发展，我国农业现代化水平有了较大的提高，为国民经济发展提供了有力支撑。随着农业现代化水平的不断提高，我国农业发展也显露出了一些深层次的问题。长期以来，我国农业体制改革和各项惠农政策的实施有力促进了农业发展，但科技创新作用发挥有限。深入实施创新驱动发展战略，就是要坚持和完善顶层设计，大力支持农业创新，调动各个地区创新的积极性，驱动农业现代化。加强科研人才队伍建设，与科研机构、农业大学广泛开展合作，建立健全人才管理机制，吸引高素质科技研发人才，加快科研成果转化速度，提高农业的竞争力。加大农业科技创新的资金投入，中央和地方各级政府要加大农业科技创新的投资力度，提高农业科技研发经费总投入占 GDP 的比重，支持农业科技创新。推动高效生产方式和动植物新品种的研发，提高我国农产品产量和质量，有效降低生产成本，促进农业高效绿色发展。

六、加强农产品质量品牌建设

社会主义进入新时代，我国社会的主要矛盾转变为人民日益增长的美好生活需要和不平衡不充分的发展之间的矛盾。我国社会主要矛盾的改变说明了人民对于物质文化的需求逐渐转变，对于农业产品的品质和品牌有了更高的要求。这要求农业生产的产品也要有所转变，来适应我国消费结构的转变。

第一，在供给侧结构性改革的大背景下，推动农产品质量品牌建设，向农村宣讲农产品质量品牌建设的重要性和可行性，在农村推广品牌强农的具体做法，制定扶持农产品品牌建设的政策，大力推动农产品品牌建设。第二，运用大数据等对产品的生产进行观测，保证在生产过程中投入品的质量和数量，设置安全质量标准，确保农产品质量，加强农产品品质管理，从源头上保证农产品的品质，形成品牌效应。第三，要加强对农业品牌的宣传工作，利用互联网、电视、广播等一系列大众传媒方式，提高农业产品品牌的知名度，开拓农产品的销售市场，提高农产品的销售量，促进农业产业结构的进一步优化，以品牌来带动农业产业的发展，切实增加农民收入水平。第四，根据不同地区的自然生态环境及资源特点，培育具有地域特色的农业产品品牌。中国地域辽阔，不同地区具有不同的自然生态环境、种植方式和人文历史，在建设农产品品牌时，要根据地域差异性，深入挖掘农产品的特色内涵，赋予农产品地方特色、历史特色和产品特色，提高农产品的吸引力，扩大农产品品牌的影响力。同时还要注重自然资源的合理管理，保障实施良好农业品牌建设战略，促进人文、生态和环境互相协调发展。第五，在农村扶持建立"龙头企业"。通过"龙头企业"建立农产品品牌，强化农村农产品的品质管理，提高地区农产品的产业化程度，使地区农产品的吸引力和影响力不断扩大，农产品的品质逐渐提升，农产品品牌价值提高，从而实现农产品品牌规模效应，促进农村产业的进一步发展。第六，要加强"三农"工作队伍的建设，强化新型农业经营主体的品牌意识。人才队伍建设是农产品品牌建设的关键，通过人才的激励、人才的保障等方面来吸引农业科技、农业营销、品牌策划、企业管理等方面的人才，为农产品的品牌建设提供人才支撑。只有配齐高水平、专业化的人才队伍，才能提高农产品品牌建设的质量和效益。第七，强化农产品品牌规模集聚效应，形成规模经济。通过农产品品牌的带动作用，主动融入特色农产品的配套服务环节，拉长特色农产品的产业链，使农产品的附加值不断提升，强化农产品品牌规模聚集效应。

七、构建农业开放发展新格局

随着全球化进程的加快，农业对外开放的程度逐渐提高。2018年中央一号文件明确了我国农业对外开放的方向。要"构建农业对外开放新格局，优化资源配置，着力节本增效，提高我国农产品国际竞争力。实施特色优势农产品出口提升行动，扩大高附加值农产品出口。建立健全我国农业贸易政策体系"。2013年，我国发起了"一带一路"倡议，为我国构建农业开放发展新格局提供了新机遇。推广先进的生产技术，提高农业生产机械化水平，鼓励农民合作，形成具有一定规模的农村经营主体；开展规模化的农业生产，提高农产品的附加值，增强农产品的竞争力，扩大农产品的出口规模；通过在国外建立农产品生产加工基地、与跨国公司合作等多种合作方式，延伸产业链，优化农村产业结构，提升农业生产技术水平，拓宽农产品的销售市场。构建农业开放发展新格局不仅需要"走出去"，还要"引进来"，结合"一带一路"倡议，把握对外开放新机遇，与周边国家开展涉农方面的合作，学习国外先进的农业生产技术，完善农业合作平台建设，大力发展具有我国特色的农业产品，打造新的出口增长点。

第二节 以人为本实现人才振兴

乡村振兴，人才振兴是支撑。2018年中央一号文件《中共中央国务院关于实施乡村振兴战略的意见》（以下简称《意见》）为如何有效实施乡村振兴提供了路径，指明了方向。

一、建设高素质"三农"人才队伍，助推乡村人才振兴

实施乡村振兴战略，迫切需要造就一支懂农业、爱农村、爱农民的农村工作队伍。高素质"三农"人才队伍建设一方面要发挥科技人才支撑作用，积极落实职业院校、科研院所、医疗卫生机构等事业单位专业技术人员到乡村和企业挂职、兼职和离岗创新创业制度，推进特色农业全产业链关键技术集成创新和推广应用；持续推动与高校科研院所等优质智力资源结合，坚持把"人才链"建在"产业链"上，通过校村联合、院村联合、所村联合加强农村专业技术人才队伍建设，引导专业技术人员向基层流动，带动培育新型职业农民、农业技术骨干等乡村人才队伍，并采取"师带徒"等形式，发挥高等职业技术教育的优势，以培育木匠、石匠、熊匠和培训茶艺、刺绣、根雕、厨艺等为重点，打造乡土人才超市，让乡村群众获得技术指导、产业托管、销售信息等专业服务。另一方面，要鼓励社会各界投身乡村建设，实施乡村振兴精英培育计划，持续推进村党组织带头人学历提升计划，整体推进村级后备干部培育工程，动态培养储备乡村后备干部；鼓励城市居民进乡、优秀人才下乡、成功人士返乡、企业家兴乡、社会团体助乡的下乡兴村工程，通过建设大学生创新创业示范园区等平台载体，建立乡村人才定期交流机制，开展乡村专题人才培训，切实提升乡村振兴人才质量。

二、构建乡村人才吸引机制

目前中国进入了世界上最大的"新人口红利"时代,即"人力资本时代"。在人才振兴的过程中,如何抓紧有利时机十分重要。现阶段,建立各类人才向农村基层一线流动的人才导向机制还存在制约因素,如流动通道不健全、激励机制不完善、政策扶持不到位等。因此,需要疏通各类人才向农村基层一线流动的渠道,使得无论是乡村本土"凤凰"回巢,还是外来人员创业,都能高效、便捷地在创建现代化农村的过程中实现自身的价值。需要健全激励机制,使得各类人才返乡下乡"双创"能够得到较高的待遇,让"有为者有位、吃苦者吃香",鼓励和引导人才到乡村创业兴业。进一步完善相关扶持政策,在税收、投资等方面采取优惠政策,推动市场主导、政府引导、项目对接、利益共享的发展机制,鼓励各类人才投资发展乡村现代农业、旅游业、服务业、乡土文化产业等,鼓励采用多种方式如技术入股、成果转让等吸引农业科研人员从事农业技术推广工作,使各类人才成为乡村振兴的建设者和参与者。

充分发挥各级领导部门的作用,因地制宜出台相应人才政策,加快建立社会人才"上山下乡"的推动机制。根据当地农业现代化发展的实际情况,有针对性地对农业现代化发展急需的人才进行教育引导,激发社会人才"上山下乡"的热情;重视对乡村创业的扶持,结合乡村振兴战略的发展,统筹各项创新创业优惠政策,制订详细的社会人才"上山下乡"激励计划,从土地流转、创业融资、贷款利息、税费减免等各方面进行支持。

三、培训新型职业农民

新型职业农民是新兴发展的概念,2012年中央一号文件中首次明确提出,在现阶段,其主要指以农业为稳定职业并具有相应的技能,收入的相当部分来自农业经营并达到一定水平的现代农业从业者。新型职业农民的特点可以概括为"两新一高",具体来说包括新职业、新作用、高素质。新职业体现了新型职业农民和传统农民的区别,前者是通过主动选择决定将农业作为自己的职业,并能通过农业收益达到发家致富的目的,而后者大多是出生于农家被动烙上农民身份并且把务农当作维持基本生活所需的一种手段。这充分展示了"农民"在我国农业现代化进程中成为吸引人的一份职业,而非一种户籍身份。新作用体现在新型职业农民作为农村发展的新型经营主体的个人形式与主要力量,承担着引领农业现代化发展的重要作用,意义重大,作用非凡。高素质则体现在新型职业农民所具备的专业技能上,他们较高的综合素质和农业专门知识是区别其与传统农民的主要标志。从类型上来看,现阶段我国新型职业农民主要分为生产经营型、专业服务型、专业技能型三种。农村生产经营大户、家庭农场经营者等一般属于生产经营型职业农民,其直接从事农业生产。将具备专业技能并服务于家庭农场、农村合作社的雇员划分为专业技能型职业农民,其以农业知识创造价值取得酬劳。在农业生产过程中从事农业社会化的人员属于专业服务型职业农民,如农村信息员、农机服务人员等,类似于服务业。

四、打造各类人才发挥专长的政策平台与制度空间

现阶段我国农村产业机制、基础设施等均与城市差距较大,导致乡村对人才的吸引力不足,因此打造适宜我国乡村人才队伍建设的政策平台与制度空间尤为关键。

为各类乡村人才提供更加开放、积极、有效的人才政策环境可以从以下两点着手:第一,完善村民自治制度。村民自治制度作为村民自我管理、自我服务、自我教育、自我监督的自治制度,是村民重要的制度保障。在吸引各类人才的过程中,需要搭建人才参与乡村治理的政策平台,拓宽民主参与乡村事务的渠道,鼓励并支持人才参与民主管理与民主决策,充分保障各类人才在乡村治理中的合法性地位,广泛吸引各类人才参与乡村建设与治理。第二,继续完善大学生"村官""第一书记""三支一扶"等人才计划,博士服务团项目和"西部之光"访问学者计划向县、乡农村基层一线倾斜,不断提升乡村人才队伍素质和水平。这些制度能够有效地保障乡村人才输入的可持续性,对于解决乡村人才队伍的建设具有重要意义。针对这些制度目前面临的问题,需要进一步优化大学生"村官""第一书记""三支一扶"等人才制度,建立健全引进人才的权利保障机制,重视引进人才合理的诉求,依法落实有关待遇,拓宽其任职晋升渠道,解决引进人才的生存之忧、职业发展

之忧，使他们能够安心扎根服务乡村。

探索完善适宜各类人才发挥专长的制度空间可以从以下三点着手：第一，重视对各类引进人才的服务保障，推动建立各类人才的统筹使用制度，最大限度发挥引进人才的作用，制定多层次、多领域的分配政策，恰当衡量农业科研人员的知识价值，制定合理的人才激励奖励机制。第二，探索运用经济政策激励各类人才。在乡村振兴战略的实施过程中，农村集体经济不断持续发展，在人才激励方面可以探索使用集体经济股权作为激励人才、留住人才的重要举措。在维护农民利益和集体资产增值保值的前提下，借鉴现代企业制度，根据人才对乡村建设的业绩与贡献，允许人才持有一定限度的集体经济股权，分享改革红利。第三，建立健全乡村人才评价机制。现阶段乡村人才评价机制应该以目标为导向，突出品德、能力、绩效评价的重要性，最大限度地激发出各类人才投身乡村建设的积极性、主动性。对于基层一线工作的专业技术人员的人才评定可以适度放宽，实行倾斜支持政策，向乡村地区倾斜，向立足基层做贡献的人才倾斜。

五、加强"三农"自身人才队伍建设

首先，充分尊重农民意愿，坚持农民的主体地位。人才振兴的受益主体是农民，因此要充分调动农民生产的积极性与创造性。通过开辟就业创业新路径，引导动员农民依靠现有的惠农政策，从创业中、从挖掘农业潜力中达到增收的目的；通过加大财政对乡村公共基础设施的投入，充分调动农民的自主性，引导农民通过自己的双手加快村容村貌建设，改善自身居住环境。只有充分调动农民致富的热情和改变自身命运的创新精神，乡村振兴战略的实施才能有不竭的动力。进一步完善相关扶植政策，在税收、投资等方面采取优惠政策，推动市场主导、政府引导、项目对接、利益共享的发展机制，鼓励各类人才投资发展乡村现代农业、旅游业、服务业、乡土文化产业等，鼓励采用多种方式如技术入股、成果转让等吸引农业科研人员从事农业技术推广相关工作使各类人才成为乡村振兴的建设者和参与者。加强农业企业家和农村创新创业带头人队伍的建设。农业企业家队伍是引领农业企业发展的重要力量，因此要采取积极有效的措施，加快建设一支具有现代化管理理念、具备战略思维并熟悉国家产业政策的农业企业家队伍。农村创新创业带头人队伍在促进农村第一、二、三产业融合发展中发挥着重要作用。通过实施"农业青年创业培训"等活动，提高农民的职业技能与科技素质，这一批受过教育培训的农民将逐步成为农村创新创业的带头人。

六、扎实推进农村专业人才培养建设工作

有文化、懂技术、擅经营、会管理的人才进入农村，能够成为加快推进农业现代化发展的重要力量。因此，在现阶段乡村振兴战略中，农村专业人才的教育培训至关重要。健全校村联合培养新型职业农民的模式，实施各类新型职业农民培养计划，如拔尖创新型农林人才培养计划，加强对"职业农民"的宣传，改变从事农业生产既无职业的观念，增强社会各界对新型职业农民的认可，充分调动农民参与教育培训的积极性。督促高校健全人才培养的优惠政策，增强教育内容的内涵并提高课程设置的精准度，尝试对部分优秀且立志于投身乡村振兴的人才进行公费培养，特别是农业现代化建设中紧缺的科技、管理类人才。以培育高学历的本土人才为目标，在总结相关经验教训的基础上，加大力度培养农村实用人才。要注重学历教育的实用性、实效性，在教育内容上要与实际情况相结合，对现阶段的惠农政策、农村电子商务发展、绿色农业等进行介绍。在教育方式上，要摒弃僵硬的传统学制制度，推进"农学结合、弹性学制"的农村实用人才培育，采取灵活多样的培育模式，如"送教下乡""定向培养""半农半读"等。在教育保障方面，可以争取财政与相关教育部门的投入，加大农民参与"学历提升计划"的积极性。通过新型职业农民培育工程，加快培育出一批农村合作社带头人、乡村企业家、农业生产大户，夯实乡村振兴的人才支撑基础。

乡村振兴是一个庞大的工程体系，需要的人才类型多种多样。因此，需要将人才进行科学的分类、梳理，精准定位教育培训对象。要明确乡村振兴需要的各类人才队伍的总量和结构需要，把握好乡村振兴战略中人才队伍的素质构成，做到"人尽其才，物尽其用"，加快推进新型职业农民与农村专业人才的培育建设工作。

七、建立健全人才培养机制，营造良好的创新创业环境

受经济发展水平等客观因素的限制，乡村大量引进高层次人才具有一定难度。所以需要建立健全人才培养机制，充分发挥人才在乡村振兴中的作用，"用当其时，用当其才"，切实构筑起人才发展高地，建立健全人才培养的组织工作机制。人才振兴是一项复杂的工程，涉及部门、领域众多，各级政府要打破多头管理、条块分割的管理体制，加强部门协调和联动，建立由党委统一领导，农业、科技、教育等相关职能部门联动配合的工作机制。各级农业部门要发挥好职能作用，把支持返乡下乡人员创业创新作为一项重大任务，为农村创业创新营造良好的政策环境，提供优质的公共服务，引导积极发展规模种养业、特色农业、农产品加工和流通业，主动对接农业新产业新业态，提高创业创新质量和效益。对乡村各类人才分档建户，即通过对分散的乡村人才进行调查，根据各自的学历、从业经验进行一定分类，形成较为系统全面的乡村人才资源库，为乡村振兴战略的发展进行人才资源储备。重视乡村人才知识更新培养，根据当地实际情况建立健全城市与乡村干部流动机制体系并创新人才开发机制，紧跟时代步伐，依托现代科技完善乡村人才吸纳机制，建立社会人才引进使用机制，建立省级政府统筹推进的农村义务教育学校教师补充机制。

建立健全人才培养教育模式和信息服务机制。采取"互联网+理论学习+实践教学+创业孵化"等培训模式，搭建网络教育平台，农民在家就可以了解现代农业的最新成果，搭建农业人才网络信息交流平台，充分调动社会上一切有志于投身乡村振兴的人才，统筹整合各地乡村发展紧缺的人才，帮助"下乡返乡"创业的人才找准方向，优化人才流动机制，化解信息孤岛难题。建立大数据教育管理中心，及时公布社会企业对新型职业农民的新要求和高校进行新型职业农民培养的新动态，使得社会各界对新型职业农民的发展进程有较为可靠的了解渠道，实现人才培养与市场需求的精准对接。

第三节　加强乡风文明建设促进文化振兴

乡村振兴，乡风文明是保障。实施乡村振兴战略是传承中华优秀传统文化的有效途径，传承发展弘扬农村优秀传统文化是文化振兴的核心。中华文明根植于农耕文化，历史悠久，中国幅员辽阔，特殊的地理因素创造了农耕文化，逐渐形成了以讲仁爱、重民本、守诚信、崇正义、尚和合、求大同等价值观念为核心的民族精神，形成这些精神的基地就在乡村。乡村是农耕文化的基本载体，农耕文化是中华传统文化的重要组成部分，深刻地影响了中华民族的发展，故传承发展提升农村优秀传统文化对实现乡村振兴战略具有重要的意义。

一、践行社会主义核心价值观

当前农村社会，在市场化的影响下，逐渐呈现出社会个体化、价值多元化的特征。如果在文化建设中，没有明确的价值导向，不能确立中国特色社会主义文化的主导性地位，那么农村文化即使呈现出表面上的丰富多彩，也是十分危险的，将导致农村文化的混乱状态。因此，繁荣农村文化必须牢固树立中国特色社会主义文化在农村的主文化地位，发挥社会主义核心价值观的引领作用。

2018年中央一号文件指出，加强思想道德建设要以社会主义核心价值观为引领，坚持教育引导、实践养成、制度保障三管齐下，采取符合农村特点的有效方式，深化中国特色社会主义和中国梦宣传教育，大力弘扬民族精神和时代精神。将社会主义核心价值观作为最基本的教育内容，开展广泛的教育引导、舆论宣传、文化熏陶、实践养成、制度保障。深入开展面向乡村的理论学习宣传普及，让社会主义核心价值观家喻户晓、落地生根，像阳光雨露一样走进千家万户，滋润干部群众心田，提振乡村精气神，使之内化为农民群众的精神追求、外化为自觉行动。

符合乡村特点，深入开展"道德讲堂"活动，贴近农民群众生活实际，采取群众喜闻乐见的形式，运用群众听得懂、听得进的语言，符合乡村现今发展特点的方式，多运用"讲故事"的方法增进群众对社会主义核心价值观的理解和认同。

立足农民优秀传统文化。数千年的文化积淀和传承造就了我国农民自强不息、吃苦耐劳、尊老爱幼、诚实守信的传统美德，这些都潜移默化影响着农民群众的内在道德理念和外在行为方式。要让社会主义核心价值观深入农民心中，就要坚持马克思主义道德观、社会主义核心价值观二十四字的宣传和讲解，挖掘社会主义核心价值观与农村优秀传统文化的历史渊源和内在联系，让农民从心中认同社会主义核心价值观。

二、加强农村思想道德建设

党的十九大在论述新的"三步走"战略时，明确提出到 2035 年基本实现社会主义现代化时，社会文明程度达到新的高度的目标任务。2018 年中央一号文件也相应地提出了到 2035 年乡风文明达到新高度的乡村振兴目标。国无德不兴，人无德不立。一个民族、一个人能不能把握自己，很大程度上取决于道德价值。实现乡村文化振兴，必须以思想道德建设为重点，发挥好道德的教化作用，提高农民群众思想道德水平，树立农村地区良好道德风尚，提升农村社会文明程度，为乡村振兴提供精神动力和道德滋养。

目前，我国乡村文化中仍有很多不文明的现象，如铺张浪费，红白喜事等大操大办。生产生活方式落后，乱倒生活垃圾、乱排生活污水、乱堆乱放杂物等不良生产生活习惯十分常见。传统亲情缺失，对老人不尽赡养义务，薄养厚葬。封建迷信盛行，占卜算命，搞封建迷信。赌博成风，打麻将、打扑克等赌博现象时有发生。要解决这些乱象，必须要加强农村思想道德建设，传承和发扬中华传统美德，弘扬新时代道德风尚，提升农民精神风貌，教育引导农民群众向往和追求讲道德、尊道德、守道德的生活。

深入实施公民道德建设工程，推进社会公德、职业道德、家庭美德、个人品德建设。推进诚信建设，强化农民的社会责任意识、规则意识、集体意识和主人翁意识。建立健全农村信用体系，完善守信激励和失信惩戒机制。弘扬劳动最光荣、劳动者最伟大的观念。弘扬中华孝道，强化孝敬父母、尊敬长辈的社会风尚。深入宣传道德模范、身边好人的典型事迹，建立健全先进模范发挥作用的长效机制。

三、巩固农村思想文化阵地

发挥基层党组织的道德引领作用，推动基层党组织、基层单位、农村社区有针对性地加强农村群众性思想政治工作。加强对农村社会热点难点问题的应对解读，合理引导社会预期。健全人文关怀和心理疏导机制，培育自尊自信、理性平和、积极向上的农村社会心态。深化文明村镇创建活动，进一步提高县级及以上文明村和文明乡镇的占比。广泛开展星级文明户、文明家庭等群众性精神文明创建活动。深入开展"扫黄打非"进基层工作。重视发挥社区教育作用，做好家庭教育，传承良好家风家训。完善文化科技卫生"三下乡"长效机制。

紧紧围绕党的理论创新成果、中央的决策部署，发挥讲师团、党校、社科研究单位、宣讲协会作用，运用各类新闻媒体和宣传文化阵地，推动民生政策宣讲，深入解读宣传党的"三农"政策和强农惠农富农举措，把政策措施讲透彻、讲明白，让党和政府的政策深入人心。注重吸纳农民宣讲员进入宣讲队伍，用亲身经历现身说法宣讲党的十九大精神，让习近平新时代中国特色社会主义思想深入农村干部群众之中。

发挥各级党校、干部学院的资源优势，加强对县及县以下宣传文化工作者特别是社科理论工作者、活跃在基层的专兼职理论宣讲员的集中培训。通过举办培训班、现场示范辅导、实地观摩等形式，推动基层理论宣讲骨干进乡入村进行讲习、培训，不断提高农民群众思想道德素质和科学文化水平。

四、弘扬乡村优秀传统文化

乡村拥有大量的文物资源和传统建筑，它们埋藏于乡野、坐落于乡村、埋没于民间。要加大乡村地区考古发掘、文物资源普查和传统村落的保护力度，推进对农耕技术遗迹、灌溉工程遗产的保护工作，提升对不可移动文物的保护水平。加大对农村历史街区、传统民居院落的挖掘保护，把乡村文化保护传承与新型城镇化建设相结合，开展"乡村记忆"项目的设计与实施，使乡村成为有历史记忆、地域特色的文化之乡、精神家园。同时，非遗保护要利用好数字化技术，分门别类，将列入国家、省、市县级物质文化遗产保护名录的项目资料逐一进行数字化采录、存储，以便长期保存。通过调查、采访，将各类项目以文字、录音、录像、数字化多媒体的形式记录下来。引入生态博物馆理念，保护原有风貌，做到乡村文化遗产与生产生活、自然环境相得益彰。

深入开展以传统节日为主题的非物质文化遗产保护和传承活动，实现中华传统节日振兴，开展具有地区特色、民族特色的民俗文化活动，丰富春节、元宵、清明、端午、七夕、重阳等传统节日的内涵。培育健康积极向上的节庆文化，增强农民群众的文化认同和文化自信，起到凝聚人心的作用。

实施传统戏剧、戏曲、民族舞蹈、音乐的保护工作，推动传统艺术传下去、活起来。结合时代发展，将传统艺术表演与时代特色相联系，形成具有新时代特点的艺术形式，发挥非物质文化遗产在教化人心等方面的作用，将戏剧戏曲与红色基因相结合，打造红色文化宣传教育品牌栏目。重点培育乡村经典艺术精品项目，给予多方面的支持，努力形成"一地一品牌""一地多品牌"的格局。

要高度重视修志修史，让文物说话，把历史智慧告诉人们。因此，重视村志村史的编纂，深入挖掘地方志、村史的精髓，是保留地方历史记忆、增强人们乡土情结过程中的重要一环。同时，也可通过对丰富的文化资源进行搜集、整理、系统研究和传播，增强本地区人们的文化自豪感和自信心。坚持传统工艺创造性转化、创新性发展的方向，传承与发展传统工艺，涵养文化生态，更好地挖掘手工劳动的价值，壮大发展乡村文化产业，促进农民群众就业致富。

五、加强农村公共文化建设

在解决温饱问题之后，农民群众的美好生活需要日益广泛，不仅对物质生活提出了更高要求，也对精神文化生活提出了更高要求。但从目前情况看，农村基本公共文化服务水平仍然不高，文化市场不够繁荣，农民群众的精神文化生活需求还不能得到较好满足。目前，我国覆盖城乡的六级公共文化服务网络基本建成，国家、省、市、县（区）、乡镇（街道）和城市社区基本实现了公共文化设施全覆盖，但仍有近1/3的村尚未建立文化活动室。只有加强农村公共文化建设，完善网络文化服务，丰富内涵，提供更好、更全面的文化产品和服务，增强乡村公共文化的生机和活力，才能有效地满足农民的精神文化需求，增强获得感、幸福感。

按照有标准、有网络、有内容、有人才的要求，健全乡村公共文化服务体系。推动县级图书馆、文化馆总分馆制，发挥县级公共文化机构辐射作用，加强基层综合性文化服务中心建设，实现乡、村两级公共文化服务全覆盖，提升服务效能。完善农村新闻出版广播电视公共服务覆盖体系，推进数字广播电视户户通，探索农村电影放映的新方法、新模式，推进农家书屋延伸服务和提质增效。继续实施公共数字文化工程，积极发挥新媒体作用，使农民群众能便捷获取优质数字文化资源。完善乡村公共体育服务体系，推动村健身设施全覆盖。

加强公共文化资源的统筹，深入推进文化惠民。推动优质文化资源下沉、服务延伸，促进公共文化资源跨部门、跨行业、跨地域融合，形成规模更大、成本更低、特色鲜明、层次丰富的服务体系。针对不少地方文化供给渠道不畅、文化产品不对路的情况，建立各级农村公共文化服务网络供需对接平台，制定供需目录，开展"菜单式""订单式"服务，更精准地为广大农民提供公共文化服务产品。建立群众文化需求反馈机制，及时调整和充实各类公共文化服务项目。引导鼓励县级图书馆、文化馆在乡镇和有条件的乡村设立分馆，推动服务资源下沉。加强基层广播电台播出机构服务能力建设，利用广播、电视、网络为便民服务提供窗口和平台。

加强公共文化服务品牌建设，推动形成具有鲜明特色和社会影响力的农村公共文化服务项目。把农民群众"要文化"和上级部门单位"送文化"相匹配，支持"三农"题材文艺创作生产，鼓励文艺工作者推出反映农民生产生活尤其是乡村振兴实践的优秀文艺作品。鼓励各级文艺组织深入农村地区开展惠民演出活动，运用文化进乡村、送欢乐下基层、"心连心"小分队演出、文化志愿服务等载体，把更多的优秀电影、戏曲、图书、文艺活动送到农民群众中间。加强农村科普工作，推动全民阅读进家庭、进农村，提高农民科学文化素养。创新公共文化产品供给方式，建设"网上图书馆""网上博物馆""网上剧场"等覆盖城乡的数字文化服务网络，多渠道服务广大民众。

广泛开展群众文化活动。完善群众文艺扶持机制，鼓励农村地区自己开展文化活动。培育挖掘乡土文化本土人才，支持乡村文化能人。加强基层文化队伍培训，培养一支懂文艺爱农村爱农民、专兼职相结合的农村文化工作队伍。传承和发展民族民间传统体育，广泛开展形式多样的农民群众性体育活动。鼓励开展群众性节日民俗活动，支持文化志愿者深入农村开展丰富多彩的文化志愿服务活动。活跃繁荣农村文化市场，推动农村文化市场转型升级，加强农村文化市场监管。

六、开展移风易俗行动

广泛开展文明村镇、星级文明户、文明家庭等群众性精神文明创建活动。遏制大操大办、厚葬薄养、人情攀比等陈规陋习。加强无神论宣传教育，丰富农民群众精神文化生活，抵制封建迷信活动。深化农村殡葬改革。加强农村科普工作，提高农民科学文化素养。

广泛开展群众性精神文明创建活动是提升农民素质和乡村文明程度的有效途径。党的十八大以来，坚持抓住价值引领这个根本，围绕美丽乡村建设这个主题，突出为民利民惠民这个鲜明导向，以实施文明村镇创建活动、开展好家风好家训活动、组织好媳妇（好公婆）评选、寻找最美乡村教师（医生、村干部）等为抓手，涌现出许多好的典型和经验，农村精神文明建设取得了新的进展。持续深入开展群众性精神文明创建活动，要突出思想道德内涵，坚持创建为民惠民利民，不断扩大覆盖面，增强实效性，有力推动社会文明进步，提升农民群众的获得感和幸福感。要推动人民在为家庭谋幸福、为他人送温暖、为社会做贡献的过程中提高精神境界。以农村群众获得感为标准，开展好文明村镇创建活动。力争到"十三五"期末，全国县级及县级以上文明村和文明乡镇占比达到50%。推动形成爱国爱家、相亲相爱、向善向上、共建共享的社会主义家庭文明新风尚，以良好的家风支撑起好的社会风气。

在人们物质生活水平显著提高的同时，更需要坚守勤俭节约、反对铺张浪费，扬正气树新风，营造健康向上的良好风尚，建立村规民约体系，设立耻辱榜、提高榜、庆幸榜，让不文明现象曝光。不良习俗的形成与地方传统和民众心理息息相关，政府要发挥主导作用，将移风易俗作为推动社会主义核心价值观建设、党风廉政建设、美丽乡村建设的一项重要任务来抓，党员干部要以身作则、率先垂范、带头执行相关规定。同时也要充分发挥村民自治的作用，在办理红白喜事时，让有威望的乡贤、老干部、老教师加入，明确参考标准，将标准写入乡规民约，引导村民自觉遵守、自我管理、自我教育、自我约束。

抵制封建迷信活动，破除农村封建迷信，将移风易俗的好处、要求、做法、算账对比等群众好理解、易接受的数据、案例印制分发，并通过标语、宣传栏、宣传车、会议等多种形式广泛宣传，形成良好氛围。深入群众、深入基层，针对赌博、大操大办、相互攀比、铺张浪费、沉迷网络、斗酒贪杯等陋习推出典型个案曝光。通过正反面的方式旗帜鲜明地反对陈规陋习，倡导文明新风。深入挖掘典型事迹。坚持正面宣传为主，围绕弘扬陪伴孝顺父母、探望师长、看望乡亲、尊老爱幼等传统美德，推出一批正面典型，以正面典型示范带动移风易俗，推动形成良好风气。同时通过负面新闻，对不文明行为进行曝光，推动群众抵制不良风气。应用新媒体广泛宣传。挖掘先进典型，总结好的经验做法，利用网络、QQ、微博、微信公众号等新媒体平台，让移风易俗行动与互联网技术加强结合，提高知晓率，扩大宣传面。

第四节　打造生态宜居环境实现生态振兴

乡村振兴，生态宜居是关键。乡村振兴是新时代对农村发展提出的新定位，在环境问题上更需要把握得当，不能以牺牲环境来换取经济的短期增速。乡村环境保护和经济发展和谐共促，牢固树立和践行绿水青山就是金山银山的理念，坚持尊重自然、顺应自然、保护自然，统筹山水林田湖草系统治理，加快转变生产生活方式，增加农业生态产品供给，提高农业生态服务能力，推动乡村自然资本加快增值，让老百姓种下的"常青树"真正变成"摇钱树"，让更多的老百姓吃上"生态饭"，让绿水青山真正成为兴村富民的金山银山，推动乡村生态振兴，建设生活环境整洁优美、生态系统稳定健康、人与自然和谐共生的生态宜居美丽乡村。

一、推进农业绿色发展

以生态环境友好和资源永续利用为导向，推动形成农业绿色生产方式，实现投入品减量化、生产清洁化、废弃物资源化、产业模式生态化，提高农业可持续发展能力。

强化资源保护与节约利用。实施国家农业节水行动，建设节水型乡村。深入推进农业灌溉用水总量控制和定额管理，建立健全农业节水长效机制和政策体系。逐步明晰农业水权，推进农业水价综合改革，建立精准补贴和节水奖励机制。严格控制未利用地开垦，落实和完善耕地占补平衡制度。实施农用地分类管理，切实加大优先保护类耕地保护力度。降低耕地开发利用强度，扩大轮作休耕制度试点，制订轮作休耕规划。全面普查动植物种质资源，推进种质资源收集保存、鉴定和利用。强化渔业资源管控与养护，实施海洋渔业资源总量管理、海洋渔船"双控"和休禁渔制度，科学划定江河湖海限捕、禁捕区域，建设水生生物保护区、海洋牧场。

推进农业清洁生产。加强农业投入品规范化管理，健全投入品追溯系统，推进化肥农药减量施用，完善农药风险评估技术标准体系，严格饲料质量安全管理。加快推进种养循环一体化，建立农村有机废弃物收集、转化、利用网络体系，推进农林产品加工剩余物资源化利用，深入实施秸秆禁烧制度和综合利用，开展整县推进畜禽粪污资源化利用试点。推进废旧地膜和包装废弃物等回收处理。推行水产健康养殖，加大近海滩涂养殖环境治理力度，严格控制河流湖库、近岸海域投饵网箱养殖。探索农林牧渔融合循环发展模式，修复和完善生态廊道，恢复田间生物群落和生态链，建设健康稳定田园生态系统。

集中治理农业环境突出问题。深入实施土壤污染防治行动计划，开展土壤污染状况详查，积极推进重金属污染耕地等受污染耕地分类管理和安全利用，有序推进治理与修复。加强有色金属矿区重金属污染综合整治。加强农业面源污染综合防治。加大地下水超采治理，控制地下水漏斗区、地表水过度利用区用水总量。严格工业和城镇污染处理、达标排放，建立监测体系，强化经常性执法监管制度建设，推动环境监测、执法向农村延伸，严禁未经达标处理的城镇污水和其他污染物进入农业农村。

二、统筹山水林田湖草系统治理

2018年中央一号文件提出，要统筹山水林田湖草系统治理，把山水林田湖草作为一个生命共同体，进行统一保护、统一修复。补齐生态短板，增强生态产品供给能力，实现乡村生态宜居，这对加快推进农业农村现代化意义重大而深远。

实施重要生态系统保护和修复工程。健全耕地草原森林河流湖泊休养生息制度，分类有序退出超载的边际产能。扩大耕地轮作休耕制度试点。科学划定江河湖海限捕、禁捕区域，健全水生生态保护修复制度。实施水资源消耗总量和强度双控行动。开展河湖水系连通和农村河塘清淤整治，全面推行河长制、湖长制。加大农业水价综合改革工作力度。开展国土绿化行动，推进荒漠化、石漠化、水土流失综合治理。强化湿地保护和恢复，继续开展退耕还湿。完善天然林保护制度，把所有天然林都纳入保护范围。扩大退耕还林还草、退牧还草，建立成果巩固长效机制。继续实施三北防护林体系建设等林业重点工程，实施森林质量精准提升工程。继续实施草原生态保护补助奖励政策。实施生物多样性保护重大工程，有效防范外来生物入侵。

统筹山水林田湖草系统治理是补齐乡村振兴生态短板的必然要求。绿色发展理念深入人心，加强生态文明建设成为普遍共识。生态文明建设带来了农业农村生产生活方式变革，推动了产业升级，也助推了"绿色革命"。党的十九大报告指出，"统筹山水林田湖草系统治理，实行最严格的生态环境保护制度，形成绿色发展方式和生活方式，坚定走生产发展、生活富裕、生态良好的文明发展道路。"这也把生态文明建设与广大群众的民生问题更加紧密地联系在了一起，对乡村生态文明道路提出了具体要求。中国特色社会主义进入新时代，乡村生态文明建设面临新形势、新任务、新要求。长期以来，为解决农产品总量不足的矛盾，我国拼资源拼环境，农业发展方式粗放、资源过度开发，导致一些地区农业农村生态系统退化、生态服务功能弱化，农村生产生活生态受到严重影响。由于没有同时、同步、系统保护好农业农村田、林、土、水等自然生态空间，森林质量不高、耕地质量退化、草原生态系统脆弱、渔业物种资源保护形势严峻、沙化土地面积较大、湿地侵占破坏严重等问题突出，生态保护和修复的效果不尽理想。生态环境脆弱，直接影响到农业农村可持续发展和全体人民身体健康，已成为全面建成小康社会的突出短板。实施乡村振兴战略，必须坚持走生态环境保护和经济协调发展共赢的绿色发展之路。统筹山水林田湖草系统治理，既是破解农业农村发展瓶颈的客观需要，又是党中央深刻综合把握"三农"发展新形势，顺应广大人民群众殷切期盼所做出的重大决策。

统筹山水林田湖草系统治理，核心是要在乡村振兴中坚持人与自然和谐共生，把乡村生态文明建设融入乡村振兴的各方面和全过程。要完善乡村生态文明建设的体制机制和政策体系，严格保护乡村生态环境，为实现乡村全面振兴奠定坚实的生态基础。加快建设生态宜居的乡村环境，保留乡土气息、保存乡村风貌、保护乡村生态、治理乡村生态破坏，让乡村有更舒适的居住条件、更优美的生态环境，让广大人民群众过上更加美好的生活。

打破分割的生态管理体制，统筹兼顾农业农村各生产要素、自然生态空间的整体性和系统性及其内在规律。针对农业农村发展的突出问题不断创新机制，既有利于美好生态环境的实现，又有利于生态环境的自我修复、自我调节、自我循环。

统筹山水林田湖草系统治理，要把生态文明建设摆在乡村振兴的突出位置，有序统筹生产生活生态，全面兼顾经济社会生态三大效益，准确把握保护与开发利用的关系，坚持绿色兴农发展理念，按照系统工程思路加强乡村生态保护修复，不断提升乡村自然生态承载力，还自然以宁静、和谐、美丽，满足人民亲近自然、体验自然、享受自然的需要。

一是要尊重自然、顺应自然、保护自然，统一保护、统一修复乡村自然生态系统。山水林田湖草是一个生命共同体，人的命脉在田，田的命脉在水，水的命脉在山，山的命脉在土，土的命脉在树。要像对待生命一样对待生态环境，落实节约优先、保护优先、自然恢复为主的方针，从根本上扭转忽视生态和可持续的粗放型发展模式，坚持节约资源和保护环境的基本国策，实行最严格的生态环境保护制度。

二是要确立发展绿色农业就是保护生态的观念，突出降低农业农村群众资源开发利用强度，做到取之有时、取之有度，坚定不移地推动农业农村形成绿色发展方式和生活方式，增强农业农村可持续发展能力。

三是要树立和践行绿水青山就是金山银山的理念，严守生态保护红线，维护乡村生态优势，推动农业高质量发展，加快建设生态宜居的美丽乡村，以绿色发展引领乡村振兴。

新时代中国特色农业绿色发展道路，一是实施重要生态系统保护和修复工程，划定和保护好生态红线，提升农业农村自然生态系统的质量和稳定性。二是完善天然林保护制度，扩大退耕还林还草，强化湿地保护和修复。三是严格保护耕地，扩大耕地轮作休耕试点，健全耕地草原森林河流湖泊休养生息制度。

三、农村人居环境治理

以建设美丽宜居村庄为导向，以农村垃圾、污水治理和村容村貌提升为主攻方向，开展农村人居环境整治行动，全面提升农村人居环境质量。

（一）农村生活垃圾和生活污水治理

生活垃圾和生产垃圾在一些农村随处可见，水源处容易遭到污染，因此可以在有条件的地区通过优化垃圾收集容器和收集点位来推行和完善农村生活垃圾分类收集工作，并提高农村生活垃圾资源化利用程度，同时开展非正规垃圾堆放点排查整治。此外，因地制宜确定农村生活垃圾处理模式有利于建立健全村庄保洁体系。建立"户集、村收、镇运、县处理"的运行体系，完善垃圾收集转运和集中处理设施布局，逐步推行垃圾分类减量和资源化利用，垃圾日产日清不积存。交通便利及转运距离较近的村庄可依托城镇无害化处理设施集中处理，其他村庄可分散处理。因地制宜地开展农村生活污水治理，有条件的地区可推进城镇无害化水处理设施和服务向周边村庄延伸覆盖，在乡镇政府所在地建设污水处理设施和配套收集管网。人口较少的村庄推广建设户用污水处理设施，推广生活污水源头减量和尾水回收利用。逐步消除农村黑臭水体，加强农村饮用水水源地保护。

（二）基础设施和卫生设施建设

实施农房改造：有条件的乡镇开展棚户区改造，建设宜居小区；开展农村危房改造，消灭D级危房；开展农房抗震和节能改造。实施道路改造：乡镇政府所在地要完善路网，道路全部实现硬化，排水、路灯等附属设施基本完备；实施村庄道路硬化，主要街道全部硬化并有边沟。实施饮水改造：开展农村饮水安全工程改造，完善供水设施，全面解决饮水安全问题。实施"厕所革命"：开展无害化卫生厕所改造，逐步推行厕所冲水化，鼓励有条件的农户厕所入户，同时结合各地实际普及不同类型的卫生厕所，推进厕所粪污无害化处理和资源化利用。

（三）村容村貌美化

科学规划村庄建筑布局，大力提升农房设计水平，突出乡土特色和地域民族特点。加快推进通村组道路、入户道路建设，基本解决村内道路泥泞、村民出行不便等问题。全面推进乡村绿化，建设具有乡村特色的绿化景观。完善村庄公共照明设施。整治公共空间和庭院环境，消除私搭乱建、乱堆乱放。继续推进城乡环境卫生整洁行动，加大卫生乡镇创建工作力度。鼓励具备条件的地区集中连片建设生态宜居的美丽乡村，综合提升田水路林村风貌，促进村庄形态与自然环境相得益彰。

（四）清洁能源的综合利用

开展畜禽粪便的治理。规模化的养殖场都要建设畜禽粪便污水综合治理和利用设施；开展分散家庭养殖户畜禽粪便储存设施建设，推进畜禽粪便的还田利用。

开展秸秆治理。要以秸秆的综合利用替代过去的就地焚烧，坚持秸秆综合利用与农业生产相结合，在满足农业与畜牧业需求的基础上，抓好新技术、新装备、新工艺的示范推广，合理引导秸秆肥料化、饲料化、能源化、基料化、原料化等综合利用方式，推动秸秆利用向多元循环方向发展。引导农民开展秸秆还田、青贮，鼓励秸秆能源化利用。村内柴草堆垛进院，规整垛放，不得占道。

（五）建立健全整治长效机制

建立健全农村人居环境长效管护机制。建立村庄道路、供排水、垃圾和污水处理、沼气、河道等公共设施的管护长效机制，逐步实现城乡管理一体化，培育市场化、专业化管护团队，提高管护人员素质。加强基层管理能力建设，逐步将城镇规划建设、环境保护、河道管护等管理责任落实到位。

全面完成县域乡村建设规划编制或修编，推进实用性村庄规划编制实施，加强乡村建设规划许可管理。建立农村人居环境建设和管护长效机制，发挥村民主体作用，鼓励专业化、市场化建设和运行管护。推行环境治理绩效付费制度，健全服务绩效评价考核机制。探索建立垃圾污水处理农户付费制度，完善财政补贴和农户付费合理分担机制。依法简化农村人居环境整治建设项目审批程序和招投标程序。完善农村人居环境标准体系。

四、加强乡村生态保护与修复

大力实施乡村生态保护与修复重大工程，完善重要生态系统保护制度，促进乡村生产生活环境稳步改善、自然生态系统功能和稳定性全面提升、生态产品供给能力进一步增强。

统筹山水林湖草系统治理，优化生态安全屏障体系。大力实施大规模国土绿化行动，全面建设三北、长江等重点防护林体系，扩大退耕还林还草，巩固退耕还林还草成果，推动森林质量精准提升，加强有害生物防治。稳定扩大退牧还草实施范围，继续推进草原防灾减灾、鼠虫草害防治、严重退化沙化草原治理等工程。保护和恢复乡村河湖、湿地生态系统，积极开展农村水生态修复，连通河湖水系，恢复河塘行蓄能力，推进退田还湖还湿、退渔退垸还湖。大力推进荒漠化、石漠化、水土流失综合治理，实施生态清洁小流域建设，推进绿色小水电改造。加快国土综合整治，实施农村土地综合整治重大行动，推进农用地和低效建设用地整理及历史遗留损毁土地复垦。加强矿产资源开发集中地区特别是重有色金属矿区地质环境和生态修复，以及损毁山体、矿山废弃地修复。加快近岸海域综合治理，实施蓝色海湾整治行动和自然岸线修复。实施生物多样性保护重大工程，提升各类重要保护地保护管理能力。加强野生动植物保护，强化外来入侵物种风险评估、监测预警与综合防控。开展重大生态修复工程气象保障服务，探索实施生态修复型人工增雨工程。

完善天然林和公益林保护制度，进一步细化各类森林和林地的管控措施或经营制度。完善草原生态监管定期调查制度，严格实施草原禁牧和草畜平衡制度，全面落实草原经营者生态保护主体责任。完善荒漠生态保护制度，加强沙区天然植被和绿洲保护。全面推行河长制、湖长制，鼓励将河长湖长体系延伸至村一级。推进河湖饮用水水源保护区划定和立界工作，加强对水源涵养区、蓄洪滞涝区、滨河滨湖带的保护。严格落实自然保护区、风景名胜区、地质遗迹等各类保护地保护制度，支持有条件的地方结合国家公园体制试点，探索对居住在核心区域的农牧民实施生态搬迁试点。

加大重点生态功能区转移支付力度，建立省以下生态保护补偿资金投入机制。完善重点领域生态保护补偿机制，鼓励地方因地制宜探索通过赎买、租赁、置换、协议、混合所有制等方式加强重点区位森林保护，落实草原生态保护补助奖励政策，建立长江流域重点水域禁捕补偿制度，鼓励各地建立流域上下游等横向补偿机制。推动市场化、多元化生态补偿，建立健全用水权、排污权、碳排放权交易制度，形成森林、草原、湿地等生态修复工程参与碳汇交易的有效途径，探索实物补偿、服务补偿、设施补偿、对口支援、干部支持、共建园区、飞地经济等方式，提高补偿的针对性。

大力发展生态旅游、生态种养等产业，打造乡村生态产业链。进一步盘活森林、草原、湿地等自然资源，允许集体经济组织灵活利用现有生产服务设施用地开展相关经营活动。鼓励各类社会主体参与生态保护修复，对集中连片开展生态修复达到一定规模的经营主体，允许在符合土地管理法律法规和土地利用总体规划、依法办理建设用地审批手续、坚持节约集约用地的前提下，利用1%~3%治理面积从事旅游、康养、体育、设施农业等产业开发。深化集体林权制度改革，全面开展森林经营方案编制工作，扩大商品林经营自主权，鼓励多种形式的适度规模经营，支持开展林权收储担保服务。完善生态资源管护机制，设立生态管护员工作岗位，鼓励当地群众参与生态管护和管理服务。进一步健全自然资源有偿使用制度，研究探索生态资源价值评估方法并开展试点。

五、建立市场化、多元化生态补偿机制

党的十九大报告提出"建立市场化、多元化生态补偿机制"。实施生态保护补偿不仅是调动各方积极性、保护好生态环境的重要手段，也是生态文

明制度建设的重要内容。

党的十八大以来，生态保护补偿机制建设顺利推进并取得了积极进展，重点领域、重点区域、流域上下游及市场化补偿范围逐步扩大，投入力度逐步加大，体制机制建设取得初步成效，如重点生态功能区转移支付、森林生态效益补偿、草原生态补助奖励、流域生态补偿等方面形成了比较完备的补偿政策和机制，并且探索了跨省流域横向生态补偿，开展了排污权有偿使用和碳排放权、水权交易市场建设，建立矿山环境治理恢复保证金制度等。但是，现有的补偿渠道和方式单一，缺乏有效机制保障，市场化、多元化生态补偿机制发育滞后，在促进生态环境保护方面的作用还没有充分发挥，存在企业和社会公众参与度不高、优良生态产品和生态服务供给不足等矛盾和问题。因此，亟须建立由政府主导、企业和社会参与、市场化运作、可持续的生态保护补偿机制，以激发全社会参与生态保护的积极性。

多元化的生态补偿机制需要政府、社会资本、企业、相关单位共同承担生态补偿，而市场化体现了"谁受益谁补偿"的原则，从而实现生态保护者和受益者的良性互动，让生态保护者得到实实在在的利益。建立市场化、多元化生态补偿机制，突出市场化特征，可以达到保护和可持续利用乡村生态系统的目的，同时做到以经济手段为主要手段，调节相关者利益关系，从而发挥市场在配置生态资源中的决定性作用。

2018年12月，国家发改委、财政部等九部委联合印发的《建立市场化、多元化生态保护补偿机制行动计划》，表明了我国生态环境保护工作的发展方向。行动总体要求中指出，到2020年，市场化、多元化生态保护补偿机制初步建立，全社会参与生态保护的积极性有效提升，受益者付费、保护者得到合理补偿的政策环境初步形成。到2022年，市场化、多元化生态保护补偿水平明显提升，生态保护补偿市场体系进一步完善，生态保护者和受益者互动关系更加协调，成为生态优先、绿色发展的有力支撑。建立市场化、多元化生态补偿机制，是生态文明助推乡村振兴的重大体制机制创新，也是促进区域平衡发展和维护人与自然和谐共生的重要途径。

建立市场化多元化生态补偿机制，重点从以下四方面着力：一是落实农业功能区制度，加大重点生态功能区转移支付力度，完善生态保护成效与资金分配挂钩的激励约束机制；二是健全横向生态保护补偿机制，探索建立生态产品购买等市场化补偿制度；三是完善草原生态保护补偿制度，创新商品林赎买机制；四是建立长江流域重点水域禁捕补偿制度，推行生态建设和保护以工代赈做法，提供更多生态公益岗位。

六、增加农业生态产品和服务供给

2018年中央一号文件提出增加农业生态产品和服务供给。这是党中央着眼于我国农业农村发展阶段性特征做出的重大判断，着眼于应对社会主要矛盾变化的重大举措，着眼于人民对美好生活向往而做出的重大部署。增加农业生态产品和服务供给，推动农业农村供给向优质生态转变，不仅是增加广大人民群众幸福感的重大举措，更是增加民生福祉的科学决策。

要推动乡村生态振兴，让良好生态成为乡村振兴的支撑点。保护和扩大乡村生态空间，真正把乡村建设成为生态文明系统的坚强屏障。加快发展绿色农业，提供多样化、特色化、绿色化的生态产品和服务。促进农业投入的减量化，加强农业面源污染治理，保护农村生态环境。良好生态环境的提供，需要社会的广泛参与、各利益主体积极加入。完善市场化机制和保障政策体系，鼓励科研机构、企业及资本市场的加入以促进农业生态产品和服务市场化。

我国经济已由高速增长阶段转向高质量发展阶段，农业农村发展必须更加突出生态品质、主打生态品牌。生态就是生产力，保护自然就是保护和发展生产力。要以绿色发展为引领，着力构建科技含量高、资源消耗低、环境污染少的现代农业产业结构，推进农村绿色产业革命，加快形成农业农村发展新动能，在牢守生态底线的前提下，正确处理开发与保护的关系，运用现代科技和管理手段，将乡村生态优势转化为发展生态经济的优势，提供更多更好的绿色生态产品和服务，促进生态和经济良性循环，走出一条生态与经济发展统一的绿色高质量发展新路。立足生态优势，发挥地区文化特色，寻求一条生态经济发展新路径、新模式，因地制宜发展森林草原旅游、河湖湿地观光、冰雪海上运动等产业，积极开发观光农业、游憩休闲、健康养生、生态教育等服务。创建一批特色生态旅游示范村镇和精品线路，打造绿色生态环保的乡村生态旅游产业链。

第五节　完善乡村治理体系有效促进组织振兴

党的十九大报告中提出了自治、法治、德治相结合的乡村治理体系，这是我们党在新的历史方位下在乡村治理方面提出的新思路、新要求。建设"三治结合"的乡村治理体系，既是在推进全面依法治国进程中加强基层民主法治建设的应有之义，也是乡村经济社会发展的必然要求，更是推进国家治理体系和治理能力现代化的要求。推进乡村振兴战略实施既要坚持基层党组织的核心领导地位，统一思想路线，又要充分发挥治理体制对乡村振兴的保障和推动作用，以乡村优秀传统为支撑，广泛发动乡村主体参与，以法治为保障，构建基层党委领导、社会协同、公众参与、法治保障的现代乡村社会治理体制。因此，探索乡村组织振兴的路径，要从乡村社会所处发展阶段的实际出发，遵循乡村社会发展的规律，着力构建以党的基层组织为核心、以村民自治组织为主体、以乡村法治为准绳、以德治为基础的乡村治理体系。

一、坚持基层党组织对乡村振兴的全面领导

（一）加强农村基层党组织建设

党的基层组织是党的全部工作和战斗力的基础。实施乡村振兴战略，关键在党的基层组织。加强农村基层党组织建设，要以提升组织力为根本，以加强"懂农业、爱农村、爱农民"建设为主线，把农村基层党组织建设成为积极宣传贯彻党的乡村振兴战略、组织带领农民群众推动乡村振兴的坚强战斗堡垒。

1. 坚持农村基层党组织核心领导地位

农村基层党组织是"三农"工作的领导核心，是带领基层农民群众致富的坚实力量，无论农村社会环境和社会结构怎样变化，都要毫不动摇地坚持基层党组织对农村工作的领导，充分发挥基层党组织的战斗堡垒作用，这是巩固党在农村执政基础的内在要求，也是实现农村经济社会健康发展的根本保证。坚持农村基层党组织对乡村振兴的全面领导，既要在思想上不动摇，

又要在实践中找路径。切实强化农村基层党组织的政治功能和组织力，全面推进党的"三农"政策在农村贯彻落实；切实提高农村基层党组织在农村的工作能力和服务水平，建设服务型基层党组织，以更好地服务"三农"；切实加强对基层群众的引导教育，调动广大基层群众参与乡村振兴的积极性，提升基层群众的发展意识和发展观念，使基层群众自觉、主动地跟随党组织投身到农村社会经济发展中去；切实加强对农村集体经济组织的统一领导，制订集体经济发展计划，激发集体经济发展活力，为实施乡村振兴战略奠定物质基础。

2. 完善农村基层党组织制度建设

坚持农村基层党组织的领导核心地位，要进一步改进和完善基层党组织的选拔方式，坚持民主集中制原则，确保农村基层党组织书记通过法定程序来担任村民委员会主任和集体经济组织、农民合作组织负责人，扩大广大农民群众的民主参与度，全面推行"两推一选"、试点"公推直选"加快农村基层民主发展进程。坚持从实际出发，因村制宜，在确保合法性和群众性的基础上推行村"两委"班子成员交叉任职，精简农村基层干部队伍，推进基层民主政治建设；完善民主监督制度，村务监督委员会成员由村民会议或村民代表会议从本村登记参加选举的村民中推选产生，提倡由非村民委员会成员的村党组织班子成员或党员担任村务监督委员会主任，坚持民主管理、民主决策，不断提高基层整体组织能力，确保重大事项决策透明、科学、民主；优化村民组织结构，提升治理能力，提升村民委员会成员、村民代表中党员比例，使基层民主充满活力。

3. 以党建促发展，壮大农村集体经济

壮大农村集体经济是实现组织振兴的重要支撑。发展村级集体经济是加强基层组织建设、巩固党的执政基础的重要物质保证。实现乡村振兴，必须以发展农村集体经济为着力点，不断增强农村集体经济发展的活力。激活农村集体经济，要着力于构建定位明确、模式新颖、融合密切的"党建＋发展"模式，根据农村社会经济发展的实际，强化基层党组织的责任和义务，把党建优势转化为发展优势，把党建资源转化为发展资源。根据农村社会实际制定集体经济发展规划，统筹整合各项资源，选择符合本地实际的产业项目，提高农村经济"造血"功能。重点打造"党建＋产业""党建＋合作社""党建+互联网"等模式,突出基层党组织的政治职能,将基层党组织建设与农村经济发展有机结合,做到"把党组织建在产业链上,让党员聚在产业链上,使农民富在产业链上",实现+的效果,把基层党组织建设成为带领广大人民群众建设小康的主力军,从而提高农村基层党组织和党员在乡村振兴中的权威性。

(二)加强农村基层党组织带头人队伍建设

1. 实施农村基层党组织人才队伍整体优化提升行动

农村基层党组织带头人是乡村振兴战略在基层顺利开展的关键,是农村基层党组织队伍建设的重要环节。基层党组织带头人政治立场是否坚定、理想信念是否牢固、政治作风是否清正廉洁直接关系到组织振兴的效果。加强农村基层党组织带头人队伍建设,必须增优配强,从基层党组织带头人选拔机制入手,坚持以党性强、作风好、能致富作为选拔标准,将政治素质好、致富能力强、协调能力好的党员发展为村党组织带头人,不断优化村级党组织队伍内部结构。"牵牛要牵牛鼻子",基层党组织带头人队伍建设是开展农村工作的重要着力点,基层党组织带头人应是各方面的尖端人才。从本村致富典型、外出成功商人、本地大学毕业生、复员退伍军人中加大培养选拔力度,不断拓宽乡村基层人才选拔渠道。

2. 健全基层党组织人才队伍选拔机制,加强人才储备

加强农村基层党组织带头人队伍建设需要优化基层党建格局,大力疏通优秀村党组织书记提拔机制,形成能者上的良好氛围,建立基层党组织内部人员流动机制,完善从优秀村党组织书记中选拔乡镇领导干部、考录乡镇公务员、招聘乡镇事业编制人员机制,充分调动村党组织书记的工作积极性。加强农村后备干部培养,建立农村干部后备人才库,坚持"开门纳贤",通过本土人才回引、院校定向培养、统筹招聘等方式,把在外创业人员、复转军人及本村致富能手等优秀分子作为发展对象和村级后备干部进行重点培养,切实提升他们带领群众致富的思想意识,培养他们的工作能力和组织能力,并不断将其充实到农村"两委"班子中去。

3. 完善基层党组织带头人激励约束机制

党在农村的各项方针政策都需要基层党组织去贯彻执行,基层党组织带头人处在农村工作的第一线,工作压力和任务十分繁重,必须不断完善基层

党组织带头人激励机制，最大限度地调动基层党组织带头人的积极性、主动性和创造性。在政治上要多关心基层党组织带头人，切实把工作能力强、成绩突出、群众公认、符合干部任用条件和各方面都表现优秀的基层党组织书记选拔到乡镇领导岗位；逐步提高基层党组织带头人的待遇，建立工资报酬正常增长机制，不断完善医疗保险、养老保险等保险机制，使他们更加自觉、安心地投入乡村建设工作中；建立基层党组织带头人关怀帮扶机制，时刻关心基层党组织带头人思想动态，帮助基层党组织带头人解决遇到的困难，并及时给予心理疏导，使其在心理上保持健康状态；同时，完善基层党组织带头人约束机制，建立健全基层民主监督制度和村务监督机制，完善村级重大事项民主决策程序，推行农村村务公开，加强对村务的监督力度和对村干部的责任追究，营造风清气正的基层工作氛围。

4. 建立村第一书记长效机制

不断增优配强农村振兴的领导力量，建立第一书记驻村帮扶机制，推动人才向基层流动，进一步充实基层领导班子。面向软弱涣散村和集体经济薄弱的村党组织选派"第一书记"，充分发挥第一书记带领基层党员队伍振兴农村的驱动作用。通过派出第一书记帮助乡村优化领导班子、促进"三农"发展、惠及民生，不断完善村党组织领导机制，逐步提升乡村治理水平。

（三）加强农村基层党员队伍建设

党员是党组织的细胞，是党的战斗力基础。农村党员队伍是开展"三农"工作的重要力量，是乡村振兴的重要参与者和建设者。加强农村基层党员队伍建设是推动乡村振兴的重要抓手，要不断加强对农村基层党员的教育、管理、监督，致力于建设一支素质高、作用强的党员队伍。

1. 加强农村基层党员教育，提升党员素质

农村党员是党联系基层群众的桥梁和纽带，基层党员队伍建设是顺利实施乡村振兴战略的基础。加强农村基层党员教育，要以提高基层党员的政治能力和政治素质为抓手，用习近平新时代中国特色社会主义思想武装头脑，引导基层党员在政治上、思想上、行动上同党中央保持高度一致；加强农村基层党员教育，制订党员培训计划，通过专家授课、远程教育、警示培训、实践课堂等多种形式，对农村基层党员进行政策理论和技术培训，着力提升农村基层党员的思想政治素质和乡村建设能力；严格党内组织生活，认真开

展党内组织生活会,定期召开"三会一课"、主题党日、民主评议党员等活动,切实提高党内组织生活质量,增强基层党史学习教育的吸引力和感染力,把基层党史学习教育融入日常,抓在经常,不断增强基层党员的党性修养和政治思想水平。

2. 加强基层党员日常管理,提升基层组织力

农村社会结构和经济发展的变化使得人口大幅流动,在一定程度上增加了农村党员的管理难度,加强农村基层党员的管理是新时期农村党员队伍建设的又一任务。严格按照"控制总量、优化结构、提高质量、发挥作用"的总体要求,在发展党员的过程中,按照"谁培养谁考察,谁讨论谁把关,谁审批谁负责"的原则,实行发展党员责任追究机制,不断把好党员"入口关",切实提高党员发展质量。完善农村流动党员管理机制,建立流动党员基本信息档案和流动党员登记卡、跟踪管理卡,确保流动党员流动有序;完善组织设置,通过建立服务站点,建立流动党员信息库,实行动态管理;开展主题实践活动,完善活动载体,保证党组织能找到全部党员。

增强无职党员参与乡村振兴战略的积极性、主动性,进一步提高无职党员思想觉悟和党性修养,确保无职党员思想的先进性、纯洁性。增强沟通交流,定期组织开展谈心谈话,虚心听取无职党员的意见和建议,确保无职党员在思想上能与基层干部保持一致。建立无职党员设岗定责制度,根据乡村振兴的目标任务和各项工作事宜的需要设立岗位,充分发挥无职党员的政治职能。

对不合格党员的处置,要稳妥、有序地开展,要以教育提高为出发点,注意区别,防止"一刀切";将不合格党员的教育转化工作寓于支部建设之中,通过支部建设促进不合格党员的转化才能收到个体和整体同步提高的效果。

3. 加强基层党员监督,推进党务公开

加强基层党员监督是扩大党内民主的重要内容,也是加强党的执政能力建设和先进性建设的重要途径。强化对基层党员监督的系统性和严肃性,实行多层次、全方位监督,严明党内纪律,推动从严治党落实到基层,进一步完善自我监督、党内监督和群众监督相结合的监督机制,不断拓宽基层党员监督的渠道;建立党务公开运行机制、监督机制、考核机制,通过村民大会、民主生活会、村务公开栏等民主载体就各种涉及农民切身利益的重大事项面向全体村民进行报告,并在村务公开栏进行定期和不定期公开,保证让每一

个村民都知情并且进行参与和监督，推进基层民主监督常态化，确保"权力"在阳光下运行。

二、加强村民自治激发乡村活力

村民自治是我国社会主义民主政治建设的基本内容，村民自治是基层农民群众实行自我教育和管理的重要形式，是基层群众当家做主的最直接体现。村民自治是推进基层民主建设的突破口，广大农民通过民主选举、民主决策、民主管理和民主监督来进行自我管理、自我教育、自我服务，真正实现了当家做主。强化村民自治，需要调动广大农民群众参与乡村公共事务的积极性，激发村民自治的活力以形成良好的乡村秩序，为乡村经济社会的发展创造稳定的环境。

（一）加强农村群众性自治组织建设

农村群众性自治组织主要是指基层村民委员会。村民委员会是保障广大农民民主权利的平台，它的建设关系到党的各项方针政策在农村的全面贯彻和落实，关系到农村的稳定与发展。雷慧冉认为，在农村的自治性公共管理组织的建设和运行中，要严格遵循六大原则：公正、公平、公开、效率、廉洁、法制，以此规范村干部的管理行为，推动农村的公共工作。具体做法就是在村委会选举中贯彻"公正"原则，在村民权益上坚持"公平"原则，在重大村务和财务开支上实行"公开"原则，在执行村务工作时注重"效率"原则，在自治管理过程中始终坚持"廉洁"原则，在与自治性公共管理组织的关系上坚持"法制"原则。

（二）完善基层民主制度，扩大基层民主

完善基层民主制度，需要不断健全农村民主选举、民主协商、民主决策、民主管理、民主监督制度。完善农村民主选举制度，尊重农民的推举权、选举权和提名权，从制度层面保障基层农民群众的民主权利；完善民主协商制度，引导基层农民群众积极进行政治参与，提高民主协商的质量，最大限度地反映民情民意；完善民主决策制度，提高农民的决策意识，丰富基层民主决策的内容和形式，真正体现大多数农民的意愿；完善民主管理制度，着力加强法治建设，扩大自治范围，健全领导机制；完善民主监督制度，建立村

务公开监督小组，不断提升村务工作的透明度，加强群众监督。

规范村民委员会等自治组织的选举办法，制定《村民委员会直接选举规程》，坚持民主集中制原则，严格按照各种规章制度进行选举，保证选举过程的公平性、公开性和公正性。全面推行村民委员会等自治组织直接选举制度，召开选举大会，组织登记参加选举的村民以无记名的方式集中投票进行选举；依托村民议事机构和平台，全面推行"村民说事"制度，提高村民意见集中率、矛盾化解率，形成民事民议、民事民办、民事民管的多层次基层协商格局。

创新村民议事的形式，从基层实际出发，以村民会议、村民代表会议为载体，始终坚持以广大农民为主体，科学优化议事程序，确保决策的公开性和透明性，保障基层群众的知情权、参与权和决策权。

（三）建立健全村务监督机制，推行村级事务阳光工程

全面建立健全村务监督委员会，建立务实管用的村务监督机制。村务监督委员会应该坚持依法依规实施监督，正确行使监督权利，确保监督的合法性；明确村级监督事项和内容，提高村民大会等民主会议所做决策的科学性；监督村务公开制度的执行情况，对村级公共财产管理情况、村级公共项目建设情况、"三农"政策落实情况等进行全方位、全过程监督；建立行之有效的监督制度和工作机制，深化拓展"四议两公开"的工作方法，推动村级重大事项民主决策，保障绝大多数村民的知情权和监督权，将村级事务"阳光工程"落到实处。

三、坚持依法治理维护乡村秩序

加强农村法治建设是顺利实施乡村振兴战略、有序开展"三农"工作的必然要求，是组织振兴的保障。当前农村社会的发展现状要求必须加强农村法治建设，只有这样才能为农村经济社会的发展创造稳定的环境，才能促进农村各项建设稳健有序开展。乡村治理现代化必须在法治框架内运行，确保法治观念和法治思维贯穿于乡村治理的全过程，循序渐进地推进法治建设向乡村基层延伸。推进农村法治建设，要大力弘扬社会主义法治精神，把工作重点放在提高农村干群法律意识和法治素质上，把农村法治建设与农村经济

建设紧密结合，用法治手段解决"三农"工作中存在的各种问题，以基层法治建设来保障乡村振兴的有序开展。

（一）深入开展法律宣传教育活动，提升乡村干群法治意识

深入开展"法律进乡村"宣传教育活动，加大对农村地区普法宣传力度，引导广大干部群众自觉守法、用法；开展专题法治教育培训，鼓励村民积极参与法律监督等法治实践活动，提高农民的法治素养和法治意识，持续深化干部群众对法律的学习宣传和贯彻实施，营造良好的学法、遵法、维法氛围，引导广大党员、干部群众信法守法；创新乡村法治宣传教育，通过向村民播放法治教育宣传片、发放法治宣传资料等形式来加强农村地区的普法教育。

增强基层党员干部的法治意识和法治观念，保证党在农村的各项工作都能按照法定程序开展，提高基层干部的法治思维和依法办事的能力，确保基层工作能够依法决策、依法执行、依法办理。引导农民树立法治意识，自觉遵守法律规范，以法律法规为标准规范自己的行为，依法加强对农村各类问题的预防和监管，把政府各项涉农工作纳入法治化轨道。

（二）深入推进综合行政执法改革向基层延伸

推进乡镇综合行政执法改革工作向基层延伸对健全乡村行政执法机制具有重要意义。推进农村综合行政执法改革，要敢于探索、善于创新，敢于打破传统封闭、单一的行政执法形式，积极引导多元主体共同参与，构建城乡互补、上下联动、县域一体的行政执法新格局。在执法上，应进一步完善乡村执法队伍建设，整合执法资源，优化执法力量配置，明确工作责任，通过动态管理的方式创新对执法工作的监督；简政放权，精简撤并冗余执法队伍，推动执法力量向基层倾斜，不断完善农村基层综合行政执法体系，推动执法权力下放，提升乡村整体行政执法水平。

（三）健全农村公共法律服务体系

建立健全农村公共法律服务体系，要以农村基层群众法律需求为出发点，有重点、有计划、有步骤地研发提供符合农村实际、群众需要的公共法律服务产品；建立健全农村法律援助制度，整合法律人力资源，推广农村公益法律顾问制度，加强农村法律宣传、法律援助、法律咨询等服务，构建有效的法律沟通渠道和平台，实现农民与乡村法律顾问的良性互动，维护农民合法

权益，为村民提供切实需要的、公益性、多样化的公共法律服务，引导农民以合法途径和方式解决矛盾纠纷，将基层矛盾纠纷纳入法治化轨道。

四、加强以德治村培育乡村道德文明新风尚

实现乡村组织振兴，既要强调法律的规范作用，又要重视道德的教化作用。在"三治合一"乡村治理体系中，德治是村民有序自治的基础和前提，为法治提供了价值遵循，是乡村自治和法治的基础。提升乡村德治水平，需要加强乡村基层道德建设，深入挖掘乡村传统道德规范，建立有效的道德激励约束机制，将思想道德建设融会贯通于乡村文明建设体系中，实现德治在乡村治理中的基础性作用。

（一）深入挖掘乡村熟人社会蕴含的道德规范

充分发挥德治在乡村治理中的基础性作用，推进乡村道德文明建设，形成良好的村风民风。深入挖掘乡村熟人社会蕴含的道德规范、思想观念、人文精神，汲取乡村传统伦理道德、村规民约、风俗习惯中的道德精华，将其作为乡村道德建设的重要手段，重塑乡村社会德业相劝、守望相助、患难体恤的道德伦理体系。利用乡村社会严苛的诚信、互助交往规则，结合时代要求，将其寓于以社会主义核心价值观为道德准则的价值体系中，不断强化农民的道德意识、社会意识和规则意识。持续推进农村精神文明建设，深入挖掘优秀传统农耕文化蕴含的思想观念、人文精神、道德规范，弘扬中华优秀传统文化和文明风尚，大力发扬向上向善、孝老爱亲、重义守信、勤俭持家的传统美德，培育文明乡村新风尚。

（二）建立乡村道德激励约束机制

推动乡村治理，既要发挥道德典范的激励作用，又要发挥道德规范的约束作用。强化乡村道德激励机制，要以社会主义核心价值观为引领，深入挖掘"见贤思齐""修身齐家治国平天下"的德治思想，有效地引导农民进行自我管理、自我教育、自我服务、自我提高；建立乡村道德约束机制，有效地整合乡村社会价值，强化村民对乡规民约等道德约束机制的认可，使其内化于心，不断引导村民自觉遵守乡村行为规范准则，从而提高村民自身道德素质，塑造乡村德治新秩序，让新时代乡村道德约束机制深入民心，构建和

睦的家庭关系、邻里关系和干群关系，营造团结、友好的乡村氛围。

（三）积极发挥新乡贤作用

培育乡村道德文明新风尚，要充分发挥乡贤在乡村治理中的作用，深入挖掘富有地方特色的乡贤文化，通过借助乡贤在乡村治理中的率先垂范和价值参照作用，让乡贤成为广大群众学习和借鉴的道德标杆，注重树立宣传先进典型，坚持正确的价值取向和舆论导向，以德树人，让村民可敬可学。开展多种形式的道德模范评选活动，将先进道德楷模的事迹内化于心，用榜样的力量引导村民睦邻友好，增强乡村社会的价值认同感和凝聚力，形成向善向好的社会风尚。开展"道德模范""最美家庭"等评选活动，用道德榜样的感召力量激发村民崇德向善的激情，促使村民自觉主动地提升个人道德素质，并将其外化于行，构建和谐稳定、崇德向善的乡村社会。

（四）深入推进移风易俗，开展专项文明行动

深入培育和践行社会主义核心价值观，充分发挥科学文化的引领作用，大力开展"倡移风易俗，树文明乡风"活动，鼓励群众自发开展移风易俗文化活动，通过制作移风易俗主题文化墙、建设移风易俗主题广场等融文明于环境中，让群众在潜移默化中引起共鸣，从思想意识上教育引导群众自觉改掉陋习；整治大操大办、盲目攀比、高额彩礼、厚葬薄养等不良习俗，推动形成节俭戒奢、廉洁文明的新风尚；加强无神论宣传教育，坚决抵制封建迷信活动，开展"崇尚科学、破除迷信"集中教育整治活动，破除封建迷信，用科学知识武装头脑，营造尊重科学、热爱科学的社会新风气；扎实推进农村精神文明建设，统一思想，倡导科学精神和文明理念，切实加强宣传、学习和引导，提高农民群众的科学文化水平和文明道德素质。

五、推进平安乡村建设

平安乡村建设，就是通过各种途径与方式，提高农民的素质，促进农村的发展，在淳朴、文明的乡风中振兴乡村。乡村振兴战略的实施离不开平安乡村的建设。平安乡村建设是新时期促进乡风文明和乡村治理有效的重要保障，是建设和谐社会的重要路径和有机组成部分，是乡村振兴的必然要求。

（一）完善农村社会治安防控体系

构筑农村社会治安防控体系是维护乡村社会治安秩序的重要手段，是农村社会稳定和谐的重要保障。推进平安乡村建设，第一要务就是完善农村社会治安防控体系，建立事前预警机制。加快推进农村社会治安防控领导责任制度，健全相关部门责任分工机制；乡镇公安机关要发挥核心治理职能，加大专业治安防控力量建设，提高执法水平；培养农村群众治安力量，以基层群众为支撑，建设上下联动的农村治安防控队伍；深入推进农村"雪亮工程"建设，将互联网等现代信息科技运用到农村社会治安管理工作中，实现乡村公共安全视频监控全覆盖，坚持以公安信息资源综合管理共享服务平台为依托，实现公共监控视频共享共用，有力提升基层社会治安防控能力，为乡村提供良好的治安环境。

（二）健全农村公共安全体系

健全农村公共安全体系，加强农村警务、消防、安全生产工作，坚决遏制重特大安全事故。深化矛盾纠纷排查化解，进一步健全完善农村矛盾纠纷预防、排查、调处、化解工作机制，大力推广治安纠纷"警调联动"工作模式；落实乡镇政府农村道路交通安全监督管理责任，持续开展农村道路交通安全整治活动，坚决遏制重特大安全事故和恶性案件发生，深入实施农村公路安全生命防护工程，推动智能交通系统向县乡道路延伸，加强农村道路交通、消防安全隐患治理，建好管好农村地区交通管理"两站两员"，加快推进乡镇专职消防队建设，打通农村道路交通安全管理"最后一公里"。

（三）深入开展扫黑除恶专项斗争

持续开展乡村扫黑除恶专项斗争，推进扫黑除恶专项斗争常态化、长效化。以"零容忍"态度依法严厉打击农村黑恶霸痞势力违法犯罪，深入挖掘黑恶势力"保护伞"，精准发力，坚决严惩黑恶势力背后的一切违法犯罪活动，严格依法办案；把扫黑除恶专项斗争向纵深推进，广泛发动基层群众，引导基层群众举报黑恶势力，提供犯罪线索；各个部门要加强协作配合，夯实工作责任，建立健全信息共享机制，坚持上下纵向联动，协同推进扫黑除恶专项斗争的开展。

第七章　乡村振兴人才培养探究

第一节　乡村振兴需要的人才类型

党的十九大指出，建设现代化经济体系要实施乡村振兴战略，为此，必须培养造就一支懂农业、爱农村、爱农民的"三农"工作队伍。只有对这支队伍的具体构成进行细致的"解剖"，才能更充分地发挥各类人才在乡村振兴中的引领、示范和带动作用，将人力资源转化为促进经济发展的第一资源，推动乡村建设提质增效。

一、创新型人才

要发展，必须要有创新，作为构建现代化经济体系的主要内容之一，坚持将创新发展新理念运用于乡村振兴战略，符合当前我国农村工作的现实需要。其中，尤其要注重培养一批具有前瞻性、引领性的农业创新型人才。农业创新型人才多集中分布于高校智库等科研院所、具有创新能力的大中型企业、国家或地区重点扶持的实验室等领域。主要包括从事农业政策探索创新的政策制定者、农业生产技术研究的专家学者、学农业的学生，他们能最大化地利用国家重大科研项目实施过程中投入的资金与政策，能利用自身的身份优势实现理论与调研的有机结合，能对农业新技术、新产品和新方案的研制、开发、推广、应用及服务提出实用性较强的见解，并创造出超过投入成本的价值，甚至将研究成果有效转化，建立产学研深度融合的创新体系，从而助力农业供给侧实现高质量发展，是农业发展中的"引导者"和"专家智库"。可见，加快对参与"三农"工作的创新型人才的培养，充分利用农业创新型人才能够瞄准世界农业工作相关理论前沿及经验、实现前瞻性基础研究和引领农业技术突破的优势，培养一批有思想、能创新、敢实践的创新人才，是保障我国"三农"工作取得良好实效的首要选择。

二、技能型人才

（一）乡村产业发展人才

兴产业就是兴农村，乡村振兴首先要选好发展乡村产业的引路人。而那些可以在发展高端优质农业、推动农业产业结构调整、种植、养殖、农产品加工等方面，形成较大生产规模、品牌效益好的人才，正是发展乡村产业急需的人才，他们不仅具有长远的战略眼光和灵活的市场头脑，还掌握着相对丰富的资金、技术及人脉资源，对经济动态认识独到，在促进农村产业发展壮大、结构优化、提质增效上具有一般企业家不具备的经验优势，是领导乡村致富的重要力量。因此，必须广泛吸纳和培育乡村产业发展人才，借助并发挥其资源优势，着力打造能代表地区特色的、具备品牌效应的龙头企业，促进农村一、二、三产业融合发展，形成以产业为载体，推动乡村政治、经济、文化、生态等领域逐步完善和协调发展。这就要求，一方面要把握乡村发展规律、市场经济规律和企业家成长规律，为乡村产业发展人才营造一个良好的培育环境、投资环境、政商环境和市场销售环境，这有利于为乡村产业发展人才的成长提供政策保障，增强其投资信心；另一方面要大力培育企业家的社会责任感，将"先带后富""共同富裕"的发展理念贯彻到企业文化中，使乡村产业发展人才得以大量涌现。

（二）乡村基础教育人才

让农村孩子接受良好的教育，这是乡村振兴的题中之义。近年来，在"国培计划""三支一扶""特岗教师""公费师范生""农村学校教育硕士师资培养计划"等支持农村教育发展的教育办法的实施下，乡村教师队伍的数量、质量和结构已得到极大程度的改观，使农村基础教育改善具备了人才资源。要提高农村整体的教育质量，必须进一步加大力度支持乡村基础教育人才的投入，以更加优惠的政策或保障引进有知识、有能力和有师德的高素质人才赴乡村学校任教，为农村基础教育发展注入内生动力，确保农村孩子能公平地享受到优质的教育资源。因此，尤其要注重"科教兴国"战略的实施，加大人才支持计划、教师专项计划等教育政策向边远的农村地区、边疆民族地区和革命老区的基础教育、乡村教育的倾斜力度，既要整合和均衡教育资源，提高乡村学校的基础设施及配套建设水平，又要通过"以考促学""以训导促提升"等措施引导教师在实践中反思、在教研中增强本领，确保乡村师资队伍有真知识；更要建立起人才服务保障体系，确保到乡村任教的人才"下得去、留得住、干得好、受尊重"。

（三）乡村文化传承人才

我国在农业发展过程中衍生出许多文化底蕴深厚的农耕文明，但随着城镇化进程的加快，工业文明与农耕文明之间的矛盾凸显，乡村记忆模糊、精神家园迷失、农民身份认可度低等现象成为乡村文化没落的直接表现，培养能传承乡村文化的人才便成为振兴乡村的现实需要。乡村文化传承人才是指那些能够对乡村文化进行传承、保护、延续和发展创造的人才，他们通常掌握着常人难以学会的技能或知识，决定着乡村文化能否传承与繁荣。要以乡村文化发展促进乡村振兴，就必须注重培养一批立足本地文化的文化传承人。具体来说，可以通过开办乡村文化培训班、讲习所、文化站，为促进乡村文化传承人的交流与学习提供平台；通过因地制宜优化农村文化设施建设与硬件配备，为文化传承人开展农村文化工作提供基本条件；通过举办专场赛事或演出、发放认定证书或奖金等方式，展现乡村文化传承人的价值，提高其社会认可度，培养其为传承乡村文化而自觉奉献的动力。

（四）乡村医疗卫生人才

当前，我国广大农村地区普遍存在乡镇卫生院人员缺编、专业技能水平参差不齐、医疗卫生水平低下和人员老化等现象，尤其是肩负着农村公共卫生和基本医疗服务重要职责的乡村医疗卫生人才匮乏已成为制约农村医疗卫生服务事业可持续发展的根本性原因，也是当前乡村医疗振兴过程中亟待解决的问题。一是要强化与医学专业相关的高等院校对乡村卫生人才的培养教育，以需求引导供给，培养擅长公共卫生、全科医学等适用范围广的乡村医务人才；二是要加大在资金、优惠政策上的投入力度，确保来乡村工作的卫生人才能在晋升、购房、待遇与子女上学等问题上具有良好保障；三是注重以乡村医疗实际需求为导向，加强对乡村现有医务人员的培训，在提升其医务技能的同时为农村居民提供更适用的医疗服务。

（五）乡村社会治理人才

狭义地讲，乡村治理是由镇村两级党员干部来具体落实的。镇村两级的领导干部是乡村精英，是最基层的社会治理人才，但乡镇政府工作人员文化程度普遍偏低、年龄偏大、观念僵化，头脑中缺乏带领村庄长远发展的思路规划，难以起到"领头羊"的作用。为克服乡村社会治理人才匮乏的问题，党中央国务院相继实施"大学生村官""三支一扶""第一书记"等有利于选优配强基层干部队伍的人才计划。实践证明，选派到农村地区的此类人才能充分发挥其丰富的人脉优势、资源优势和信息优势，及时响应并贯彻党和政府的政策号召，有效地发挥其作为县乡两级中间桥梁的作用，为乡村企业发展、人才供给、制度完善与法治建设提供强有力的支撑。但要创新农村社会治理，实现农村长治久安，不可对治理类人才进行盲目引进，而要重点引进那些专业技能强、敢担当、素质高且真心为群众着想的乡村社会治理人才，确保此类人才能够成为推进农村社会治理多元化、长效化与协同化的重要力量。

（六）新乡贤

新乡贤是在乡村中具有一定威望和能力的群体，他们大多由生长在乡村、工作在乡村的退休教师、党员干部和道德模范组成，在群众中具有很强的号召力、公信力和话语权，是乡村振兴的协作力量。他们通常利用自身的亲情、乡情和声誉来调节乡村社会的矛盾纠纷，是乡村自治的重要参与者，同时能起到推广新文化、新思想、新技术、新观念的作用，是带领村民发家致富、传承家族文化、弘扬伦理道德的领军人物。乡贤文化越繁荣的地区，村民相处越和谐、乡村文化越繁荣。尤为重要的是，农耕文明浸润下的广大农村地区往往存在"一个村庄就是一个相对独立的社会"的传统观念，而新乡贤通常能弥补基层治理过程中由于政府缺位、失衡或按正常制度程序无法解决问题的短板，打开了阻碍乡村治理的"最后一扇门"。乡村振兴，同样应该将乡贤文化纳入振兴范围，继续加大对新乡贤的培养和规范引导力度，不断凝结壮大乡贤的智慧和力量，使之成为推动乡村振兴的不竭动力。

三、新型职业农民

如何确保留住或吸引农村诸如有知识、有技术、有资源的本土人才为家乡服务，最终实现以人才发展推动农业生产力发展的目的，是实施乡村振兴战略必须考虑的问题。新型职业农民作为构建新型农业经营主体的重要组成部分，是发展现代农业、推进城乡一体化发展的重要主体，他们通常以从事农业为固定乃至终身职业，具有一定的专业技能，有文化、懂技术、会经营、能创业，是农村市场经济中最活跃的市场力量，是真正的农业继承人。加大力度培育新型职业农民，有利于农民淡出身份属性，有利于加快农业发展方式转变，有利于促进传统农业向现代农业转型升级，更能为解决当前农村出现的"谁来种地"和"怎样种地"的本土人才匮乏问题提供佐助。

具体来说，新型职业农民氛围以下几种类型：一是生产经营型职业农民，以农业上的专业大户、家庭农场主、农民合作社带头人为主要代表，他们通常掌握一定的农业生产专业技能与资源，有一定的资金投入能力，具有丰富的农业生产经营经验，在直接从事生鲜食品、经济作物等附加值较高的农产品生产上具有比较优势；二是专业技能型职业农民，包括以农民合作社、家庭农场、专业大户、农业企业等新型生产经营主体中较为稳定地从事农业劳动作业，并以此作为主要收入来源的农民工人和农业雇员，他们通常掌握独到的生产技术，能以此促进农村产业发展和建设；三是社会服务型职业农民，他们能有效服务于农业产前、产中和产后三个环节，使农业生产得以顺利进行，以"农村信息员、农村经纪人、农机服务人员、统防统治植保员、村级动物防疫员"等农业社会化服务人员为主；四是管理型职业农民，他们掌握农业生产所需的劳动力、资金和技术，在农业生产与管理上具有丰富经验，甚至决定着农村产业发展与农业生产效率。

第二节 农业生产经营人才

一、农业生产经营人才的培养与培育

当前，我国农业效益不高、农民增收后劲不足的问题仍然突出。而造成这种局面的一个显著原因就在于：农村经营主体能力不强。新型经营主体缺乏管理营销人才，小农户会产不会卖，有产量没效益。针对这种问题，国家中提出了"农村经营人才队伍的培养与培育"的指导性意见。

（一）培养高素质农民队伍

深入实施现代农民培育计划，重点面向从事适度规模经营的农民，分层分类开展全产业链培训，加强训后技术指导和跟踪服务，支持创办领办新型农业经营主体。充分利用现有网络教育资源，加强农民在线教育培训。实施农村实用人才培养计划，加强培训基地建设，培养造就一批能够引领一方、带动一片的农村实用人才带头人。

（二）突出抓好家庭农场经营者、农民合作社带头人培育

深入推进家庭农场经营者培养，完善项目支持、生产指导、质量管理、对接市场等服务。建立农民合作社带头人人才库，加强对农民合作社骨干的培训。鼓励农民工、高校毕业生、退役军人、科技人员、农村实用人才等创办领办家庭农场、农民合作社。鼓励有条件的地方支持农民合作社聘请农业经理人。鼓励家庭农场经营者、农民合作社带头人参加职称评审、技能等级认定。

二、多措并举，提高农民经营性收入

农民经营性收入一般指的是农村家庭经营性收入，是农村住户以家庭为生产经营单位进行生产筹划和管理而获得的收入。该收入不包括借贷性质和暂收性质的收入，也不包括从乡村集体经济组织外获取的转移性收入，如亲

友馈赠、财政补贴、救灾救济、退休金、意外所获等。农民经营性收入可以从农村住户家庭经营活动中获得，活动按行业划分为农业、林业、牧业、渔业、工业、建筑业、交通运输业、邮电业、批发和零售贸易餐饮业、社会服务业、文教卫生业和其他家庭经营。

乡村振兴战略实施以来，随着乡村产业蓬勃发展，农产品深加工、休闲农业和乡村旅游等产业融合成效显著，农产品增值空间不断拓展，农民经营性收入实现稳步增长，但占比有所下降，主要原因如下：①随着农村城镇化进程加快，农业发展的空间缩小，严重制约了农民家庭经营性收入增加；②受地理环境和自然条件影响，农业基础设施和生产条件相对较差，农业综合生产能力较低；③农业生产资料受农业生产成本大；④在经营模式上，传统农业仍占主导地位，生态农业、观光农业、旅游农业发展滞后。

提高农民经营性收入，主要有以下路径：

1.典型示范，促进产业升级

按照"适应市场、因地制宜、突出特色、发挥优势"的原则，发挥资源优势和农民群众主观能动性，以统筹城乡经济，深化农村改革为突破口，优化产业结构，实施"稳一强二提三，运用二三产带一产"的发展战略，加强农业基础设施建设，跳出单纯依托农业抓增收的局限，大力发展二、三产业，实施以农为本、以工带农、以旅促农的良性机制，形成以一产为主、二三产业齐头并进的发展模式。

具体做法可概述为：首先，培育带动性强的主导产业，加强农业产业链的纵向拓展，补齐农产品加工短板，加强农产品深加工，实现食品和农副产品精深加工快速增长，让农民获得更多产业链延长增值收益；其次，加快乡村旅游、农村电商、农村物流等新业态融合发展。通过电商平台直播等方式，建立线上销售的长效机制，持续拓展农民经营净收入空间；最后，可以因地制宜，发展特色产业。根据各地的资源优势发展相关产业，积极发展特色种养业，避免低端化同质化发展，切实夯实农业产业发展基础，建立更加稳定的利益联结机制，提高农民风险抵御能力。

2.加强重点项目建设，建立多元化资金投放渠道

实施项目带动战略，以重点项目为载体，促进产业转化提升，提高市场竞争力。一是抓好重点项目建设，发展生态循环农业；重视发展粮食生产，

巩固和稳定粮食播种面积，优化品种结构，提高单产水平，确保粮食生产稳定发展。二是整合项目资金。在特色产业发展中，坚持政府扶一点、农民拿一点、金融机构贷一点的扶持原则。逐步建立以农民为主、政府扶持、社会参与的多元化投入体系，广泛吸纳社会资本积极参与农村主导产业、特色产品开发。将支农资金、水利、科技入户、贴息贷款、农民培训及省、市下放的农业各项重点项目资金实行有效合，力促产业又快又好发展。

3. 加速推进农业产业化经营

坚持把加快推进农业产业化作为发展现代农业、建设社会主义新农村的重要抓手。大力培育龙头企业，通过招商引资承接产业转移，打造一批有影响力的大企业大集团。大力推进龙头企业进入产业园、工业基地集群发展。继续落实各种支持扶持和优惠政策，解决龙头企业融资难问题。认真实施农民专业合作社法，抓好农民专业合作社在工商部门注册登记工作。积极争取专项扶持资金，帮助和支持示范农民专业合作组织规范内部管理，丰富合作内容，拓展服务功能，逐步做实做强，发挥在农业产业化经营中的桥梁纽带作用。

4. 强化发展产业科技支撑体系

以区域主导产业和特色产品的开发为重点，构建产业发展的科技支撑服务体系。加大对新产品、新技术、新信息、新管理理念的引进和应用步伐，为发展产业模式注入新的活力；加强科技入户工程，坚持"调整、完善、巩固、提高"的原则，以农技人员服务为带动，以镇（乡）为主体、村为核心、户为载体，帮助农民调整产业结构，增加收入。加速农业由主要追求数量向注重质量效益、由依靠劳动和资源投入为主向依靠科技进步和劳动素质提高的根本转变。加快农业标准化建设，制定主导产品生产、加工、包装、贮运标准和生产技术规范，完善农产品质量安全检测检验体系，全面推行产品质量安全市场准入制度。以节地、节水、节肥、节种、节能和资源综合循环利用为重点，逐步构建高效、生态、可持续的发展格局。

第三节 农村第二、三产业发展人才

一、加快培养农村第二、三产业发展人才

《意见》中提到了关于加快培养农村第二、三产业发展人才的几点指导意见：

（一）培育农村创业创新带头人

深入实施农村创业创新带头人培育行动，不断改善农村创业创新生态，稳妥引导金融机构开发农村创业创新金融产品和服务方式，加快建设农村创业创新孵化实训基地，组建农村创业创新导师队伍。壮大新一代乡村企业家队伍，通过专题培训、实践锻炼、学习交流等方式，完善乡村企业家培训体系，完善涉农企业人才激励机制，加强对乡村企业家合法权益的保护。

（二）加强农村电商人才培育

提升电子商务进农村效果，开展电商专家下乡活动。依托全国电子商务公共服务平台，加快建立农村电商人才培养载体及师资、标准、认证体系，开展线上线下相结合的多层次人才培训。

（三）培育乡村工匠

挖掘培养乡村手工业者、传统艺人，通过设立名师工作室、大师传习所等，传承发展传统技艺。鼓励高等学校、职业院校开展传统技艺传承人教育。在传统技艺人才聚集地设立工作站，开展研习培训、示范引导、品牌培育。支持鼓励传统技艺人才创办特色企业，带动发展乡村特色手工业。

（四）打造农民工劳务输出品牌

实施劳务输出品牌计划，围绕地方特色劳务群体，建立技能培训体系和评价体系，完善创业扶持、品牌培育政策，通过完善行业标准、建设专家工作室、邀请专家授课、举办技能比赛等途径，普遍提升从业者职业技能，提高劳务输出的组织化、专业化、标准化水平，培育一批叫得响的农民工劳务输出品牌。

二、发展农村第二、三产业发展人才，提高农民收入

根据《国务院办公厅关于支持返乡下乡人员创业创新促进农村第一、二、三产业融合发展的意见》（国办发〔2016〕84号），鼓励和引导返乡下乡人员按照全产业链、全价值链的现代产业组织方式开展创业创新，建立合理稳定的利益联结机制，推进农村第一、二、三产业融合发展，让农民分享第二、三产业增值收益。以农牧（农林、农渔）结合、循环发展为导向，发展优质高效绿色农业。实行产加销一体化运作，延长农业产业链条。推进农业与旅游、教育、文化、健康养老等产业深度融合，提升农业价值链。引导返乡下乡人员创业创新向特色小城镇和产业园区等集中，培育产业集群和产业融合先导区。

根据解读《乡村振兴战略规划（2018—2022年）》，推动农村产业深度融合，把握城乡发展格局发生重要变化的机遇，培育农业农村新产业新业态，打造农村产业融合发展新载体新模式，推动要素跨界配置和产业有机融合，让农村第一、二、三产业在融合发展中同步升级、同步增值、同步受益。

（一）发掘新功能新价值

顺应城乡居民消费拓展升级趋势，结合各地资源禀赋，深入发掘农业农村的生态涵养、休闲观光、文化体验、健康养老等多种功能和多重价值。遵循市场规律，推动乡村资源全域化整合、多元化增值，增强地方特色产品时代感和竞争力，形成新的消费热点，增加乡村生态产品和服务供给。实施农产品加工业提升行动，支持开展农产品生产加工、综合利用关键技术研究与示范，推动初加工、精深加工、综合利用加工和主食加工协调发展，实现农产品多层次、多环节转化增值。

（二）培育新产业新业态

深入实施电子商务进农村综合示范，建设具有广泛性的农村电子商务发展基础设施，加快建立健全适应农产品电商发展的标准体系。研发绿色智能农产品供应链核心技术，加快培育农业现代供应链主体。加强农商互联，密切产销衔接，发展农超、农社、农企、农校等产销对接的新型流通业态。实施休闲农业和乡村旅游精品工程，发展乡村共享经济等新业态，推动科技、

人文等元素融入农业。强化农业生产性服务业对现代农业产业链的引领支撑作用，构建全程覆盖、区域集成、配套完备的新型农业社会化服务体系。清理规范制约农业农村新产业新业态发展的行政审批事项。着力优化农村消费环境，不断优化农村消费结构，提升农村消费层次。

第四节 乡村公共服务人才

一、关于乡村公共服务的政策解读

根据《中共中央办公厅国务院办公厅印发的关于建立健全基本公共服务标准体系的指导意见》，构建涵盖国家、行业、地方和基层服务机构四个层面的基本公共服务标准体系，需要建立健全基本公共服务标准体系，规范中央与地方支出责任分担方式，推进城乡区域基本公共服务制度统一，促进各地区各部门基本公共服务质量水平有效衔接，以标准化手段优化资源配置、规范服务流程、提升服务质量、明确权责关系、创新治理方式，确保基本公共服务覆盖全民、兜住底线、均等享有，使人民获得感、幸福感、安全感更加充实、更有保障、更可持续。力争到2025年，基本公共服务标准化理念融入政府治理，标准化手段得到普及应用，系统完善、层次分明、衔接配套、科学适用的基本公共服务标准体系全面建立；到2035年，基本公共服务均等化基本实现，现代化水平不断提升。

根据中共中央办公厅、国务院办公厅印发的《关于加强和改进乡村治理的指导意见》中关于提升乡镇和村为农服务能力方面的政策解读可知：要充分发挥乡镇服务农村和农民的作用，加强乡镇政府公共服务职能，加大乡镇基本公共服务投入，使乡镇成为为农服务的龙头。推进"放管服"改革和"最多跑一次"改革向基层延伸，整合乡镇和县级部门派驻乡镇机构承担的职能相近、职责交叉工作事项，建立集综合治理、市场监管、综合执法、公共服务等于一体的统一平台。构建县乡联动、功能集成、反应灵敏、扁平高效的综合指挥体系，着力增强乡镇统筹协调能力，发挥好乡镇服务、带动乡村作用。大力推进农村社区综合服务设施建设，引导管理服务向农村基层延伸，为农民提供"一门式办理""一站式服务"，构建线上线下相结合的乡村便民服务体系。将农村民生和社会治理领域中属于政府职责范围且适合通过市场化方式提供的服务事项，纳入政府购买服务指导性目录。推动各级投放的公共服务资源以乡镇、村党组织为主渠道落实。

根据《中共中央国务院关于坚持农业农村优先发展做好"三农"工作的若干意见》中提出的扎实推进乡村建设，加快补齐农村人居环境和公共服务短板，可提炼出以下几点要求：

（一）抓好农村人居环境整治三年行动

深入学习推广浙江"千村示范、万村整治"工程经验，全面展开以农村垃圾污水治理、厕所革命和村容村貌提升为重点的农村人居环境整治，确保到2020年实现农村人居环境阶段性明显改善，村庄环境基本干净整洁有序，村民环境与健康意识普遍增强。鼓励各地立足实际、因地制宜，合理选择简便易行、长期管用的整治模式，集中攻克技术难题。建立地方为主、中央补助的政府投入机制。中央财政对农村厕所革命整村推进等给予补助，对农村人居环境整治先进县给予奖励。中央预算内投资安排专门资金支持农村人居环境整治。允许县级按规定统筹整合相关资金，集中用于农村人居环境整治。鼓励社会力量积极参与，将农村人居环境整治与发展乡村休闲旅游等有机结合。广泛开展村庄清洁行动。开展美丽宜居村庄和最美庭院创建活动。农村人居环境整治工作要同农村经济发展水平相适应、同当地文化和风土人情相协调，注重实效，防止做表面文章。

（二）实施村庄基础设施建设工程

推进农村饮水安全巩固提升工程，加强农村饮用水水源地保护，加快解决农村"吃水难"和饮水不安全问题。全面推进"四好农村路"建设，加大"路长制"和示范县实施力度，实现具备条件的建制村全部通硬化路，有条件的地区向自然村延伸。加强村内道路建设。全面实施乡村电气化提升工程，加快完成新一轮农村电网改造。完善县乡村物流基础设施网络，支持产地建设农产品贮藏保鲜、分级包装等设施，鼓励企业在县乡和具备条件的村建立物流配送网点。加快推进宽带网络向村庄延伸，推进提速降费。继续推进农村危房改造。健全村庄基础设施建管长效机制，明确各方管护责任，鼓励地方将管护费用纳入财政预算。

（三）提升农村公共服务水平

全面提升农村教育、医疗卫生、社会保障、养老、文化体育等公共服务水平，加快推进城乡基本公共服务均等化。推动城乡义务教育一体化发展，深入实施农村义务教育学生营养改善计划。实施高中阶段教育普及攻坚计划，加强农村儿童健康改善和早期教育、学前教育。加快标准化村卫生室建设，实施全科医生特岗计划。建立健全统一的城乡居民基本医疗保险制度，同步整合城乡居民大病保险。完善城乡居民基本养老保险待遇确定和基础养老金正常调整机制。统筹城乡社会救助体系，完善最低生活保障制度、优抚安置制度。加快推进农村基层综合性文化服务中心建设。完善农村留守儿童和妇女、老年人关爱服务体系，支持多层次农村养老事业发展，加强和改善农村残疾人服务。推动建立城乡统筹的基本公共服务经费投入机制，完善农村基本公共服务标准。

（四）加强农村污染治理和生态环境保护

统筹推进山水林田湖草系统治理，推动农业农村绿色发展。加大农业面源污染治理力度，开展农业节肥节药行动，实现化肥、农药使用量负增长。发展生态循环农业，推进畜禽粪污、秸秆、农膜等农业废弃物资源化利用，实现畜牧养殖大县粪污资源化利用整县治理全覆盖，下大力气治理白色污染。扩大轮作休耕制度试点。创建农业绿色发展先行区。实施乡村绿化美化行动，建设一批森林乡村，保护古树名木，开展湿地生态效益补偿和退耕还湿。全面保护天然林。加强"三北"地区退化防护林修复。扩大退耕还林还草，稳步实施退牧还草。实施新一轮草原生态保护补助奖励政策。落实河长制、湖长制，推进农村水环境治理，严格乡村河湖水域岸线等水生态空间管理。

（五）强化乡村规划引领

把加强规划管理作为乡村振兴的基础性工作，实现规划管理全覆盖。以县为单位抓紧编制或修编村庄布局规划，县级党委和政府要统筹推进乡村规划工作。按照先规划后建设的原则，通盘考虑土地利用、产业发展、居民点建设、人居环境整治、生态保护和历史文化传承，注重保持乡土风貌，编制多规合一的实用性村庄规划。加强农村建房许可管理。

二、加快培养乡村公共服务人才

中共中央办公厅及国务院办公厅印发的《关于加快推进乡村人才振兴的意见》提出了四点关于加快培养乡村公共服务人才的指导意见。

（一）加强乡村教师队伍建设

落实城乡统一的中小学教职工编制标准。继续实施革命老区、民族地区、边疆地区人才支持计划、教师专项计划和银龄讲学计划。加大乡村骨干教师培养力度，精准培养本土化优秀教师。改革完善"国培计划"，深入推进"互联网+义务教育"，健全乡村教师发展体系。对长期在乡村学校任教的教师，职称评审可按规定"定向评价、定向使用"，高级岗位实行总量控制、比例单列，可不受所在学校岗位结构比例限制。落实好乡村教师生活补助政策，加强乡村学校教师周转宿舍建设，按规定将符合条件的乡村教师纳入当地住房保障范围。

（二）加强乡村卫生健康人才队伍建设

按照服务人口1%左右的比例，以县为单位每5年动态调整乡镇卫生院人员编制总量，允许编制在县域内统筹使用，用好用足空余编制。推进乡村基层医疗卫生机构公开招聘，艰苦边远地区县级及基层医疗卫生机构可根据情况适当放宽学历、年龄等招聘条件，对急需紧缺卫生健康专业人才可以采取面试、直接考察等方式公开招聘。乡镇卫生院应至少配备一名公共卫生医师。深入实施全科医生特岗计划、农村订单定向医学生免费培养和助理全科医生培训，支持城市二级及以上医院在职或退休医师到乡村基层医疗卫生机构多点执业，开办乡村诊所，充实乡村卫生健康人才队伍。完善乡村基层卫生健康人才激励机制，落实职称晋升和倾斜政策，优化乡镇医疗卫生机构岗位设置，按照政策合理核定乡村基层医疗卫生机构绩效工资总量和水平。优化乡村基层卫生健康人才能力提升培训项目，加强在岗培训和继续教育。落实乡村医生各项补助，逐步提高乡村医生收入待遇，做好乡村医生参加基本养老保险工作，深入推进乡村全科执业助理医师资格考试，推动乡村医生向执业（助理）医师转化，引导医学专业高校毕业生免试申请乡村医生执业注册。鼓励免费定向培养一批源于本乡本土的大学生乡村医生，多途径培养培训乡村卫生健康工作队伍，改善乡村卫生服务和治理水平。

（三）加强乡村文化旅游体育人才队伍建设

推动文化旅游体育人才下乡服务，重点向革命老区、民族地区、边疆地区倾斜。完善文化和旅游、广播电视、网络视听等专业人才扶持政策，培养一批乡村文艺社团、创作团队、文化志愿者、非遗传承人和乡村旅游示范者。鼓励运动员、教练员、体育专业师生、体育科研人员参与乡村体育指导志愿服务。

（四）加强乡村规划建设人才队伍建设

支持熟悉乡村的首席规划师、乡村规划师、建筑师、设计师及团队参与村庄规划设计、特色景观制作、人文风貌引导，提高设计建设水平，塑造乡村特色风貌。统筹推进城乡基础设施建设管护人才互通共享，搭建服务平台，畅通交流机制。实施乡村本土建设人才培育工程，加强乡村建设工匠培训和管理，培育修路工、水利员、改厕专家、农村住房建设辅导员等专业人员，提升农村环境治理、基础设施及农村住房建设管护水平。

第五节　乡村治理人才

一、关于乡村治理的政策解读

中办、国办印发的《关于加强和改进乡村治理的指导意见》中翔实列举了有关乡村治理的若干指导意见。

（一）完善村党组织领导乡村治理的体制机制

建立以基层党组织为领导、村民自治组织和村务监督组织为基础、集体经济组织和农民合作组织为纽带、其他经济社会组织为补充的村级组织体系。村党组织全面领导村民委员会及村务监督委员会、村集体经济组织、农民合作组织和其他经济社会组织。村民委员会要履行基层群众性自治组织职能，增强村民自我管理、自我教育、自我服务能力。村务监督委员会要发挥在村务决策和公开、财产管理、工程项目建设、惠农政策措施落实等事项上的监督作用。集体经济组织要发挥在管理集体资产、合理开发集体资源、服务集体成员等方面的作用。农民合作组织和其他经济社会组织要依照国家法律和各自章程充分行使职权。村党组织书记应当通过法定程序担任村民委员会主任和村级集体经济组织、合作经济组织负责人，村"两委"班子成员应当交叉任职。村务监督委员会主任一般由党员担任，可以由非村民委员会成员的村党组织班子成员兼任。村民委员会成员、村民代表中党员应当占一定比例。健全村级重要事项、重大问题由村党组织研究讨论机制，全面落实"四议两公开"。加强基本队伍、基本活动、基本阵地、基本制度、基本保障建设，实施村党组织带头人整体优化提升行动，持续整顿软弱涣散村党组织，整乡推进、整县提升，发展壮大村级集体经济。全面落实村"两委"换届候选人县级联审机制，坚决防止和查处以贿选等不正当手段影响、控制村"两委"换届选举的行为，严厉打击干扰破坏村"两委"换届选举的黑恶势力、宗族势力。坚决把受过刑事处罚、存在"村霸"和涉黑涉恶、涉邪教等问题的人清理出村干部队伍。坚持抓乡促村，落实县乡党委抓农村基层党组织建设和乡村治理的主体责任。落实乡镇党委直接责任，乡镇党委书记和党委领导班子成员等要包村联户，村"两委"成员要入户走访，及时发现并研究解决农村基层党组织建设、乡村治理和群众生产生活等问题。健全以财政投入为主的稳定的村级组织运转经费保障制度。

（二）发挥党员在乡村治理中的先锋模范作用

组织党员在议事决策中宣传党的主张，执行党组织决定。组织开展党员联系农户、党员户挂牌、承诺践诺、设岗定责、志愿服务等活动，推动党员在乡村治理中带头示范，带动群众全面参与。密切党员与群众的联系，了解群众思想状况，帮助解决实际困难，加强对乡村人口、低保对象、留守儿童和妇女、老年人、残疾人、特困人员等人群的关爱服务，引导农民群众自觉听党话、感党恩、跟党走。

（三）规范村级组织工作事务

清理整顿村级组织承担的行政事务多、各种检查评比事项多等问题，切实减轻村级组织负担。各种政府机构原则上不在村级建立分支机构，不得以行政命令方式要求村级承担有关行政性事务。交由村级组织承接或协助政府完成的工作事项，要充分考虑村级组织承接能力，实行严格管理和总量控制。从源头上清理规范上级对村级组织的考核评比项目，鼓励各地实行目录清单、审核备案等管理方式。规范村级各种工作台账和各类盖章证明事项。推广村级基础台账电子化，建立统一的"智慧村庄"综合管理服务平台。

（四）增强村民自治组织能力

健全党组织领导的村民自治机制，完善村民（代表）会议制度，推进民主选举、民主协商、民主决策、民主管理、民主监督实践。进一步加强自治组织规范化建设，拓展村民参与村级公共事务平台，发展壮大治保会等群防群治力量，充分发挥村民委员会、群防群治力量在公共事务和公益事业办理、民间纠纷调解、治安维护协助、社情民意通达等方面的作用。

（五）丰富村民议事协商形式

健全村级议事协商制度，形成民事民议、民事民办、民事民管的多层次基层协商格局。创新协商议事形式和活动载体，依托村民会议、村民代表会议、村民议事会、村民理事会、村民监事会等，鼓励农村开展村民说事、民情恳谈、百姓议事、妇女议事等各类协商活动。

（六）全面实施村级事务阳光工程

完善党务、村务、财务"三公开"制度，实现公开经常化、制度化和规范化。梳理村级事务公开清单，及时公开组织建设、公共服务、工程项目等重大事项。健全村务档案管理制度。推广村级事务"阳光公开"监管平台，支持建立"村民微信群""乡村公众号"等，推进村级事务即时公开，加强群众对村级权力有效监督。规范村级会计委托代理制，加强农村集体经济组织审计监督，开展村干部任期和离任经济责任审计。

（七）积极培育和践行社会主义核心价值观

坚持教育引导、实践养成、制度保障三管齐下，推动社会主义核心价值观落细落小落实，融入文明公约、村规民约、家规家训。通过新时代文明实践中心、农民夜校等渠道，组织农民群众，用中国特色社会主义文化、社会主义思想道德牢牢占领农村思想文化阵地。完善乡村信用体系，增强农民群众诚信意识。推动农村学雷锋志愿服务制度化常态化。加强农村未成年人思想道德建设。

(八) 实施乡风文明培育行动

弘扬崇德向善、扶危济困、扶弱助残等传统美德,培育淳朴民风。开展好家风建设,传承传播优良家训。全面推行移风易俗,整治农村婚丧大操大办、高额彩礼、铺张浪费、厚葬薄养等不良习俗。破除丧葬陋习,树立殡葬新风,推广与保护耕地相适应、与现代文明相协调的殡葬习俗。加强村规民约建设,强化党组织领导和把关,实现村规民约行政村全覆盖。依靠群众因地制宜制定村规民约,提倡把喜事新办、丧事简办、弘扬孝道、尊老爱幼、扶残助残、和谐敦睦等内容纳入村规民约。以法律法规为依据,规范完善村规民约,确保制定过程、条文内容合法合规,防止一部分人侵害另一部分人的权益。建立健全村规民约监督和奖惩机制,注重运用舆论和道德力量促进村规民约的有效实施,对违背村规民约的,在符合法律法规前提下运用自治组织的方式进行合情合理的规劝、约束。

发挥红白理事会等组织作用。鼓励地方对农村党员干部等行使公权力的人员,建立婚丧事宜报备制度,加强纪律约束。

(九) 发挥道德模范引领作用

深入实施公民道德建设工程,加强社会公德、职业道德、家庭美德和个人品德教育。大力开展文明村镇、农村文明家庭、星级文明户、五好家庭等创建活动,广泛开展农村道德模范、最美邻里、身边好人、新时代好少年、寻找最美家庭等选树活动,开展乡风评议,弘扬道德新风。

(十) 加强农村文化引领

加强基层文化产品供给、文化阵地建设、文化活动开展和文化人才培养。传承发展提升农村优秀传统文化,加强传统村落保护。结合传统节日、民间特色节庆、农民丰收节等,因地制宜广泛开展乡村文化体育活动。加快乡村文化资源数字化,让农民共享城乡优质文化资源。挖掘文化内涵,培育乡村特色文化产业,助推乡村旅游高质量发展。加强农村演出市场管理,营造健康向上的文化环境。

（十一）推进法治乡村建设

规范农村基层行政执法程序，加强乡镇行政执法人员业务培训，严格按照法定职责和权限执法，将政府涉农事项纳入法治化轨道。大力开展"民主法治示范村"创建，深入开展"法律进乡村"活动，实施农村"法律明白人"培养工程，培育一批以村干部、人民调解员为重点的"法治带头人"。深入开展农村法治宣传教育。

（十二）加强平安乡村建设

推进农村社会治安防控体系建设，落实平安建设领导责任制，加强基础性制度、设施、平台建设。加强农村警务工作，大力推行"一村一辅警"机制，扎实开展智慧农村警务室建设。加强对社区矫正对象、刑满释放人员等特殊人群的服务管理。深入推进扫黑除恶专项斗争，健全防范打击长效机制。加强农民群众拒毒防毒宣传教育，依法打击整治毒品违法犯罪活动。依法加大对农村非法宗教活动、邪教活动打击力度，制止利用宗教、邪教干预农村公共事务，大力整治农村乱建宗教活动场所、滥塑宗教造像。推进农村地区技防系统建设，加强公共安全视频监控建设联网应用工作。健全农村公共安全体系，强化农村安全生产、防灾减灾救灾、食品、药品、交通、消防等安全管理责任。

（十三）健全乡村矛盾纠纷调处化解机制

坚持发展新时代"枫桥经验"，做到"小事不出村、大事不出乡"。健全人民调解员队伍，加强人民调解工作。完善调解、仲裁、行政裁决、行政复议、诉讼等有机衔接、相互协调的多元化纠纷解决机制。发挥信息化支撑作用，探索建立"互联网+网格管理"服务管理模式，提升乡村治理智能化、精细化、专业化水平。强化乡村信息资源互联互通，完善信息收集、处置、反馈工作机制和联动机制。广泛开展平安教育和社会心理健康服务、婚姻家庭指导服务。推动法院跨域立案系统、检察服务平台、公安综合窗口、人民调解组织延伸至基层，提高响应群众诉求和为民服务能力水平。

（十四）加大基层小微权力腐败惩治力度

规范乡村小微权力运行，明确每项权力行使的法规依据、运行范围、执行主体、程序步骤。建立健全小微权力监督制度，形成群众监督、村务监督委员会监督、上级部门监督和会计核算监督、审计监督等全程实时、多方联网的监督体系。织密农村基层权力运行"廉政防护网",大力开展农村基层微腐败整治,推进农村巡察工作,严肃查处侵害农民利益的腐败行为。

(十五)加强农村法律服务供给

充分发挥人民法庭在乡村治理中的职能作用,推广车载法庭等巡回审判方式。加强乡镇司法所建设。整合法学专家、律师、政法干警及基层法律服务工作者等资源,健全乡村基本公共法律服务体系。深入推进公共法律服务实体、热线、网络平台建设,鼓励乡镇党委和政府根据需要设立法律顾问和公职律师,鼓励有条件的地方在村民委员会建立公共法律服务工作室,进一步加强村法律顾问工作,完善政府购买服务机制,充分发挥律师、基层法律服务工作者等在提供公共法律服务、促进乡村依法治理中的作用。

(十六)支持多方主体参与乡村治理

加强妇联、团支部、残协等组织建设,充分发挥其联系群众、团结群众、组织群众参与民主管理和民主监督的作用。积极发挥服务性、公益性、互助性社区社会组织的作用。坚持专业化、职业化、规范化,完善培养选拔机制,拓宽农村社工人才来源,加强农村社会工作专业人才队伍建设,着力做好老年人、残疾人、青少年、特殊困难群体等重点对象服务工作。探索以政府购买服务等方式,支持农村社会工作和志愿服务发展。

二、加快培养乡村治理人才

中共中央办公厅及国务院办公厅印发的《关于加快推进乡村人才振兴的意见》提出了六点关于加快培养乡村公共治理人才的指导意见。

(一)加强乡镇党政人才队伍建设

选优配强乡镇领导班子特别是乡镇党委书记,健全从乡镇事业人员、优秀村党组织书记、到村任职过的选调生、驻村第一书记、驻村工作人员中选拔乡镇领导干部常态化机制。实行乡镇编制专编专用,明确乡镇新录用公务员在乡镇最低服务年限,规范从乡镇借调工作人员。落实乡镇工作补贴和艰苦边远地区津贴政策,确保乡镇机关工作人员收入高于县直机关同职级人员。落实艰苦边远地区乡镇公务员考录政策,适当降低门槛和开考比例,允许县乡两级拿出一定数量的职位面向高校毕业生、退役军人等具有本地户籍或在本地长期生活工作的人员招考。

（二）推动村党组织带头人队伍整体优化提升

坚持把政治标准放在首位，选拔思想政治素质好、道德品行好、带富能力强、协调能力强、公道正派、廉洁自律，热心为群众服务的党员担任村党组织书记。注重从本村致富能手、外出务工经商返乡人员、本乡本土大学毕业生、退役军人中的党员中培养选拔村党组织书记。对本村暂时没有党组织书记合适人选的，可从上级机关、企事业单位优秀党员干部中选派，有条件的地方也可以探索跨村任职。全面落实村党组织书记县级党委组织部门备案管理制度和村"两委"成员资格联审机制，实行村"两委"成员近亲属回避，净化、优化村干部队伍。加大从优秀村党组织书记中考录乡镇公务员、招聘乡镇事业编制人员力度。县级党委每年至少对村党组织书记培训一次，支持村干部和农民参加学历教育。坚持和完善向重点乡村选派驻村第一书记和工作队制度。

（三）实施"一村一名大学生"培育计划

鼓励各地遴选一批高等职业学校，按照有关规定，根据乡村振兴需求开设涉农专业，支持村干部、新型农业经营主体带头人、退役军人、返乡创业农民工等，采取在校学习、弹性学制、农学交替、送教下乡等方式，就地就近接受职业高等教育，培养一批在乡大学生、乡村治理人才。进一步加强选调生到村任职、履行大学生村官有关职责、按照大学生村官管理工作，落实选调生一般应占本年度公务员考录计划10%左右的规模要求。鼓励各地多渠道招录大学毕业生到村工作。扩大高校毕业生"三支一扶"计划招募规模。

（四）加强农村社会工作人才队伍建设

加快推动乡镇社会工作服务站建设，加大政府购买服务力度，吸引社会工作人才提供专业服务，大力培育社会工作服务类社会组织。加大本土社会工作专业人才培养力度，鼓励村干部、年轻党员等参加社会工作职业资格评价和各类教育培训。持续实施革命老区、民族地区、边远地区社会工作专业人才支持计划。加强乡村儿童关爱服务人才队伍建设。通过项目奖补、税收减免等方式引导高校毕业生、退役军人、返乡入乡人员参与社区服务。

（五）加强农村经营管理人才队伍建设

依法依规划分农村经营管理的行政职责和事业职责，建立健全职责目录清单。采取招录、调剂、聘用等方式，通过安排专兼职人员等途径，充实农村经营管理队伍，确保事有人干、责有人负。加强业务培训，力争3年内轮训一遍。加强农村土地承包经营纠纷调解仲裁人才队伍建设，鼓励各地探索建立仲裁员等级评价制度。将农村合作组织管理专业纳入农业技术人员职称评审范围，完善评价标准。加强农村集体经济组织人才培养，完善激励机制。

（六）加强农村法律人才队伍建设

加强农业综合行政执法人才队伍建设，加大执法人员培训力度，完善工资待遇和职业保障政策，培养通专结合、一专多能执法人才。推动公共法律服务力量下沉，通过招录、聘用、政府购买服务、发展志愿者队伍等方式，充实乡镇司法所公共法律服务人才队伍，加强乡村法律服务人才培训。以村干部、村妇联执委、人民调解员、网格员、村民小组长、退役军人等为重点，加快培育"法律明白人"。培育农村学法用法示范户，构建农业综合行政执法人员与农村学法用法示范户的密切联结机制。提高乡村人民调解员队伍专业化水平，有序推进在农村"五老"人员中选聘人民调解员。完善和落实"一村一法律顾问"制度。

第六节　农业农村科技人才

一、关于农业农村科技发展政策解读

党的十九届五中全会强调，坚持创新在我国现代化建设全局中的核心地位，把科技自立自强作为国家发展的战略支撑。这为做好农业科技工作提供了根本遵循。《中华人民共和国国民经济和社会发展第十四个五年规划和2035年远景目标纲要》（简称"十四五"规划）提出，农业机械制造业核心竞争力提出，要开发智能大马力拖拉机、精量（免耕）播种机、喷杆喷雾机、开沟施肥机、高效联合收割机、果蔬采收机、甘蔗收获机、采棉机等先进适

用农业机械，发展丘陵山区农业生产高效专用农机。推动先进加工装备研发和产业化。研发绿色智能养殖饲喂、环控、采集、粪污利用等装备。研发造林种草等机械装备。

此外，"十四五"规划中提到要加强大中型、智能化、复合型农业机械研发应用，农作物耕种收综合机械化率提高到75%。完善农业科技创新体系，创新农技推广服务方式，建设智慧农业。培育壮大人工智能、大数据、区块链、云计算、网络安全等新兴数字产业，提升通信设备、核心电子元器件、关键软件等产业水平。其中农机方面的数字化应用场景为：推广大田作物精准播种、精准施肥施药、精准收获，推动设施园艺、畜禽水产养殖智能化应用。数字经济是未来大趋势，预计未来人工智能、大数据、区块链和云计算四大技术将对所有传统行业赋能，而农业作为国民经济的基础产业，其数字化发展将是重点之一。

"十四五"规划中还提到了应"大力发展现代畜牧业，积极发展设施农业，因地制宜发展林果业""积极培育家庭农场、农民合作社等新型农业经营主体"。具体来讲，面向"十四五"农业科技必须围绕"四个面向"，大力强化农业关键技术攻关，深入实施乡村振兴科技支撑行动，突破关键瓶颈、打造战略力量、强化科技服务、推进科企融合，不断提升自主创新能力和创新创业活力，加快推进农业科技自立自强，以高质量科技供给支撑引领农业农村现代化。

"十四五"时期，农业科技要重点在六方面加力谋划、全力推进：

1. 以突破关键科技问题为重点，提升农业科技自主创新能力

围绕重点领域，推进农业短板技术研发，集合精锐、靶向突破。加快突破现代生物育种技术，培育一批农业重大品种。强化种植养殖技术和加工技术集成，加强动植物疫病等防治技术研究，加快突破产业和区域发展技术瓶颈。强化农业基础研究，在农业生命科学、信息科学、资源环境科学等领域实现重大理论突破。

2. 以强基础、提能力为重点，打造农业战略科技力量

谋划推进农业领域国家实验室、国家和部门重点实验室建设，打造高水平创新平台。培强现代农业产业技术体系，全要素集聚、全过程服务，打造国家农业产业科技力量。建强科学观测站网络体系、农业大数据平台，打造

一批"百年老店",加快农业科研领军人才队伍建设。

3. 以强化农业科技社会化服务为重点,推进科技成果落地见效建强基层农技推广机构

加大重大引领性技术示范、协同推广计划和特聘农技员计划等实施力度,建设好现代农业科技示范展示基地。大力培育一批农业科技服务公司。完善产业技术顾问制度,鼓励农业科研院校创新整县承包、定向服务、产业研究院等科技服务新模式,重点打造100个"一县一业"科技引领示范县、1000个"一村一品"科技引领示范村镇。

4. 以培养现代农民为重点,强化乡村振兴人才支撑

健全因地制宜、务实管用的农民培育制度,调动各方资源构建新型农民教育培训体系。深入实施现代农民培育计划,面向现代农业园区、新型农业生产经营和服务主体,深入开展技术技能培训。着力培养返乡下乡创业者和农业后继人才。强化涉农职业教育和高等农业教育,推动将服务乡村振兴纳入农业高校评价体系,推行送教下乡、弹性学制等培养模式,引导农业高校培养农业农村急需紧缺人才。

5. 以科企融合为重点,促进科技经济一体化发展

强化现代农业产业科技创新中心建设,打造"农业硅谷"。推动农业科技创新联盟实体化,推进成果进市场、强企业、兴产业。大力培育创新型农业企业,完善科企合作的利益联结机制。深化科技成果产权制度改革,改进农业科研机构绩效评价,探索建立激励有效、约束有力的调控管理机制。

6. 以农业生态环境保护为重点,助力乡村生态振兴

加强耕地土壤重金属污染治理、农业面源污染防治技术攻关,持续推进农业生态环境监测,实行耕地分类管理制度。研究制定外来入侵物种名录和管理办法,推进天敌繁育基地和综合防控示范区建设。推进长江、黄河等重点流域农业面源污染综合治理。全面实施秸秆综合利用、农膜回收行动,推进区域秸秆、农膜回收补贴制度试点。推动农村地区清洁取暖,建设一批生物质燃料工程。

另外,作为科技创新的先进产业,人工智能、大数据与物联网引领着智慧农业的发展。《农业绿色发展技术导则(2018—2030年)》《创新驱动乡村振兴发展专项规划(2018—2022年)》《国家质量兴农战略规划(2018—2022

年）》《关于促进小农户和现代农业发展有机衔接的意见》等政策文件对智慧农业做出了具体要求。其中中共中央、国务院《国家乡村振兴战略规划（2018—2022 年）》政策文件表示要大力发展数字农业，实施智慧农业工程和"互联网+"现代农业行动，鼓励对农业生产进行数字化改造，加强农业遥感、物联网应用，提高农业精准化水平。发展智慧气象，提升气象为农服务能力。农业农村部《农业绿色发展技术导则（2018—2030 年）》政策文件表示要发展智慧型农业技术模式，主要包括：

1. 重点研发天空地种养生产智能感知、智能分析与管控技术；农业传感器与智能终端设备及技术；分品种动植物生长模型阈值数据和知识库系统；农作物种植与畜禽水产养殖的气候变化适应技术与模式；农业农村大数据采集存储挖掘及可视化技术。

2. 集成示范基于地面传感网的农田环境智能监测技术、智能分析决策控制技术、农业资源要素与权属底图研制技术、天空地数字农业集成技术、数字化精准化短期及中长期预警分析系统、草畜平衡信息化分析与超载预警技术、智慧牧场低碳生产技术、主要农作物和畜禽智慧型生产技术模式、草地气候智慧型管理技术模式、农牧业环境物联网、天空地数字牧场管控应用技术；开展技术模式评估和市场准入标准研究。

3. 推广应用数字农业智能管理技术、智慧农业生产技术及模式、智慧设施农业技术、智能节水灌溉技术、水肥一体化智能技术、农业应对灾害气候的综合技术，养殖环境监控与畜禽体征监测技术、网络联合选育系统、粮食主产区气候智慧型农业模式、西北地区草地气候智慧型管理模式、有害生物远程诊断/实时监测/早期预警和应急防治指挥调度的监测预警决策系统。

二、加快培养农业农村科技人才

中共中央办公厅及国务院办公厅印发的《关于加快推进乡村人才振兴的意见》提出了四点关于加快培养农业农村科技人才的指导意见。

（一）培养农业农村高科技领军人才

国家重大人才工程、人才专项优先支持农业农村领域，推进农业农村科研杰出人才培养，鼓励各地实施农业农村领域"引才计划"，加快培育一批高科技领军人才和团队。加强优秀青年后备人才培养，突出服务基层导向。支持高科技领军人才按照有关政策在国家农业高新技术产业示范区、农业科技园区等落户。

（二）培养农业农村科技创新人才

依托现代农业产业技术体系、农业科技创新联盟、现代农业产业科技创新中心等平台，发现人才、培育人才、凝聚人才，加强农业企业科技人才培养。健全农业农村科研立项、成果评价、成果转化机制，完善科技人员兼职兼薪、分享股权期权、领办创办企业、成果权益分配等激励办法。

（三）培养农业农村科技推广人才

推进农技推广体系改革创新，完善公益性和经营性农技推广融合发展机制，允许提供增值服务合理取酬。全面实施农技推广服务特聘计划。深化农技人员职称制度改革，突出业绩水平和实际贡献，向服务基层一线人才倾斜，实行农业农村科技推广人才差异化分类考核。实施基层农技人员素质提升工程，重点培训年轻骨干农技人员。建立健全农产品质量安全协管员、信息员队伍。鼓励地方对"土专家""田秀才""乡创客"发放补贴。开展"寻找最美农技员"活动。引导科研院所、高等学校开展专家服务基层活动，推广"科技小院"等培养模式，派驻研究生深入农村开展实用技术研究和推广服务工作。

（四）发展壮大科技特派员队伍

坚持政府选派、市场选择、志愿参加原则，完善科技特派员工作机制，拓宽科技特派员来源渠道，逐步实现各级科技特派员科技服务和创业带动全覆盖。完善优化科技特派员扶持激励政策，持续加大对科技特派员工作支持力度，推广利益共同体模式，支持科技特派员领办创办协办农民合作社、专业技术协会和农业企业。

参考文献

[1] 蔡竞主编.产业兴旺与乡村振兴战略研究 [M].成都:四川人民出版社,2018:12.

[2] 陈俊红.北京推进实施乡村振兴战略的对策研究 [M].北京:中国经济出版社,2019:04.

[3] 侯秀芳,王栋.乡村振兴战略下"智慧农业"的发展路径 [M].青岛:中国海洋大学出版社,2019:12.

[4] 黄春荣编.职业教育扶贫研究与实践 [M].北京:北京理工大学出版社,2020:07.

[5] 黄郁成.城市化与乡村振兴 [M].上海:上海人民出版社,2019.

[6] 中国政策研究网编辑组.乡村振兴:政策解读与经验集萃 [M].北京:中国言实出版社,2019:01.

[7] 刘汉成,夏亚华.乡村振兴战略的理论与实践 [M].北京:中国经济出版社,2019:04.

[8] 卢振铭,高亚娟.科技助力乡村振兴农业实用技术选编 [M].赤峰:内蒙古科学技术出版社,2020:08.

[9] 鲁可荣,杨亮承.从精准扶贫迈向乡村振兴 [M].昆明:云南大学出版社,2019.

[10] 陆超.读懂乡村振兴:战略与实践 [M].上海:上海社会科学院出版社,2020.

[11] 马丽娟,高万里.特色农业应用型人才培养与助力乡村振兴战略研究 [M].陕西科学技术出版社有限责任公司,2021:05.

[12] 马文斌,著.农业科技人才培养模式及发展环境优化 [M].长春:吉林人民出版社,2021:10.

[13] 冉勇．基于乡村振兴战略背景下的乡村治理研究 [M]．长春：吉林人民出版社，2021：07．

[14] 王宝升．地域文化与乡村振兴设计 [M]．长沙：湖南大学出版社，2018：03．

[15] 王任祥，傅海威，邵万清．应用型人才培养教学改革案例 [M]．杭州：浙江工商大学出版社，2019：12．

[16] 西北农林科技大学编．乡村振兴的青年实践 [M]．北京：中国青年出版社，2019：04．

[17] 徐敏．新时代职业教育助推乡村振兴战略的服务体系及策略研究 [M]．北京：北京理工大学出版社，2020：11．

[18] 袁建伟，曾红，蔡彦，钱国玲．乡村振兴战略下的产业发展与机制创新研究 [M]．杭州：浙江工商大学出版社，2020：01．

[19] 张韶斌，李洁，王彩文主编．当代农民的责任担当 [M]．济南：济南出版社，2020：08．

[20] 张顺喜．大力实施乡村振兴战略 [M]．北京：中国言实出版社，2018：04．